가장 빨리 부자 되는 법

THE 10 PILLARS
$F WEALTH

MIND-SETS OF THE WORLD'S RICHEST PEOPLE

가장 빨리 부자 되는 법

1판 1쇄 2018년 1월 17일
1판 17쇄 2023년 3월 7일

지은이 알렉스 베커
옮긴이 오지연
펴낸이 유경민 노종한
책임편집 이현정
기획편집 유노북스 이현정 함초원 조혜진 **유노라이프** 박지혜 구혜진 **유노책주** 김세민 이지윤
기획마케팅1팀 우현권 이상운 **2팀** 정세림 유현재 정혜윤 김승혜
디자인 남다희 홍진기
기획관리 차은영
펴낸곳 유노콘텐츠그룹 주식회사
법인등록번호 110111-8138128
주소 서울시 마포구 월드컵로20길 5, 4층
전화 02-323-7763 **팩스** 02-323-7764 **이메일** info@uknowbooks.com

ISBN 979-11-86665-79-4 (03320)

- — 책값은 책 뒤표지에 있습니다.
- — 잘못된 책은 구입한 곳에서 환불 또는 교환하실 수 있습니다.
- — 유노북스, 유노라이프, 유노책주는 유노콘텐츠그룹 주식회사의 출판 브랜드입니다.

DIAMOND EDITION

가장 빨리 부자 되는 법

THE 10 PILLARS
$F WEALTH

MIND-SETS OF THE WORLD'S RICHEST PEOPLE

◆ 알렉스 베커 지음 | 오지연 옮김 ◆

유노
북스

사람들이 너무 영화를 많이 봤나? 뭐, 어쩌면 내가 유난히 껄렁한 구석이 있나 보다. 아님 사람들이 온라인 누드 산업에서 그 엄청난 돈이 샘솟는다고 생각할 수도 있다. 무엇이 이유든 내가 온라인 비즈니스를 한다고 말하면 다들 그 즉시 똑같은 생각을 한다.

'분명 허세 가득한 인터넷 포르노 재벌이겠지.'

내가 아니라고, 누드 사진이나 동영상을 팔지 않는다고 말하면 또다시 속으로 은밀한 리스트를 떠올린다.

'신용 카드 사기꾼? 천재 증권 브로커? 해커? 마크 저커버그급 천재 컴퓨터 프로그래머? 발기부전 치료제 판매업자?'

이외에도 영화에서나 구경할 법한 별난 직업이나 로또 당첨 수준으로 운이 좋아야 가질 수 있는 엄청난 직업을 줄줄 떠올린다. 그리고 내가 그런 일을 할 것이라고 생각한다. 나는 사람들의 억측이 몹시 우려된다. 돈과 인터넷 사업을 터무니없이 잘못 이해해서 나왔기 때문이다. 나는 이 책으로 사람들이 온라인 비즈니스와 부의 창출에 갖고 있는 전반적인 오해를 바로잡을 수 있으면 좋겠다.

이 책에는 수많은 사람이 돈 걱정 없이 풍족하게 살지 못하는 이유들이 나온다. 왜 슈퍼 리치가 되는 사람들이 전 세계의 1퍼센트도 안 되는지, 또 사람들이 왜 9시부터 18시까지 영혼을 갉아먹는 일에 매여 살기를 택하는지 중요한 이유를 알 수 있다. 그리고 그동안 당신의 머릿속을 점령했던 아주 잘못된 믿음에서 벗어날 수 있다. 그 해로운 믿음 때문에 당신은 부자가 되는 것도, 성공하는 것도 불가능해질 수 있다. 한 번이라도 성공하고 싶다면 우선 자신의 생각이 잘못됐음을 인정하고 그 믿음을 도끼로 찍어 없애야 한다.

"무슨 말인지 알겠어, 알렉스. 그쯤하고 그 믿음이란 게 무엇인지부터 말해 줄래?"

사람들은 부자가 되려면 '아주 운이 좋거나 엄청나고 흔치 않은 일을 해야 한다'고 잘못 생각한다. 이를테면 교묘하게 사기를 쳐서 사람들의 돈을 가로채고 기막히게 빠져나갈 구멍을 마련하거나, 아주 운이 좋거나, 편법과 불법을 저질러 이윤을 챙겨야만 한다고 믿는다. 그런 잘못된 믿음 때문에 특별한 것을 가진 사람만 성공할 수 있고, 부자가 되기는 마음대로 되지 않는다고 생각한다. 평범한 사람이 열심히 일하면서 쉽고 정상적으로 부자가 될 방법은 없다고 생각한다. 그래서 어차피 슈퍼 리치는 될 수 없으니 그저 밤늦게까지 편안한 소파에 누워 텔레비전이나 더 보는 것이 낫다고 생각하는 것이다.

본질적으로 그런 믿음의 정체는 이것이다.

'나는 성공할 수 없다.'

뇌가 당신에게 그렇게 말하는 이유가 무엇이든, 정말로 그렇다. 이 믿음 때문에 99퍼센트의 사람들이 충분히 성공할 수 있는데도 시작해 볼 생각조차 하지 않는다. 당신이 아직 성공하지 못했다면 어떤 형태로든 이를 겪고 있을 것이다. 의식하지 못하겠지만, 그렇다. 당신도 아마 성공은 운 좋은 사람들의 몫이고, 마음대로 되는 일이 아니라고 생각할 것이다. 또는 현재의 삶도 충분한데 굳이 위험해 보이는 일을 시작하기가 두려울 것이다.

이 책을 읽으면 그 생각을 완전히 바꿀 수 있다. 물론 돈을 벌려면 어떤 과정을 거쳐야 한다. 그 과정은 결단력과 추진력, 노력을 많이 요구한다. 분명 어렵다. 하지만 당신이 생각하는 식으로 어렵지 않다. 그러니 당신 인생에서 가장 빨리 부자가 돼라.

알렉스 베커

차례

부자가 되기 위해 꼭 벗어야 할 족쇄

- 트래픽 파이터(Traffic Fighter)
  직장에 매여 살면서 자신의 일을 싫어하는 사람
  삶이 행복하지 않다고 느끼는 사람
  업무 시간에 다른 일을 하고 싶어 하는 사람

- 컴포트 존(Comfort Zone)
  편리한 사회 안전망
  편안함을 느끼는 영역
  일상적인 행동을 바꾸지 않는 영역

PROLOGUE

나도
부자가 됐다

돈 버는 일은
게임과 같다

많은 사람이 돈 버는 일을 카지노에서 슬롯머신을 하는 것과 비슷하다고 생각한다. 슬롯머신에서 돈을 따기는 어렵다. 웬만해서는 결코 일어나지 않는다는 말이다. 슬롯머신을 이기는 일은 운에 달렸지, 통제할 수 있는 문제가 아니다. 하지만 내가 말하는 어려움은 그런 종류가 아니다. 물론 돈 버는 일은 어렵지만, 마치 게임을 하는 것과 같다.

현실에서는 제 몫을 전혀 못하지만 특정 온라인 게임에서는 신의 경지에 이른 사람들을 봤다. 내가 열렬한 게임광이라 할 수 있는 말인데 현실 생활에서는 무능력하고, 게으르고, 쓸모없지만 손에 게임 컨트롤러만 쥐면 세상 그 누구보다도 뛰어난 사람들이 있다. 못 믿겠다면 어떤 온라인 게임이든 접속해 보라. 높은 단계에서는 얼마나 엄청난 기술이 필요한지 알면 충격받을 것이다. 게임에서 그 정도 경지에 이르려면 수백 시간을 들여 완전히 집중해야 한다.

도대체 무능력한 게으름뱅이들이 어떻게 그 어려운 일을 해낼까? 답은 간단하다. 그 사람들은 자신이 게임을 미친듯이 잘하게 될 수 있다고 믿는다. 그리고 그 단계에 오를 때까지 계속 게임을 한다. 게임의 고수가 되는 일은 정말 쉽지 않다. 하지만 게임의 고수가 되는 일이든 돈을 버는 일이든 원하는 일에 시간과 노력을 충분히 투자만 하라. 설령 당신이 현재 부모님 집에 얹혀사는 신세라도 원하는 일을 잘할 수 있으며, 또 잘하게 될 것이다.

돈 벌기는 게임과 난이도가 같은 카테고리다. 슬롯머신이나 복권에서 대박을 터뜨리는 것처럼 어려운 것이 아니다. 드문 일도, 가능성이 없는 일도, 온갖 역경을 극복해야 하는 아주 어려운 일도 아니다. 한 사람만 승리하고, 수백 수천만 명은 패해야 하는 구조도 아니다. 돈을 버는 것은 당신이 승자의 사고방식을 갖기 시작하고, 모든 에너지를 쏟아 집중하고, 계속 노력하기만 하면 충분히 잘할 수 있다. 게임처럼 말이다.

스스로 회사에
얽매이는 당신

■■■■■■■■■■■■ 삶의 모든 영역에서 우리는 생각과 믿음으로 움직인다. 그렇지 않은가? 이는 나만의 의견이 아니라, 평일 아침마다 늘 증명되는 사실이다.

매일 아침, 세계 곳곳에서 사람들이 아직 해가 뜨지도 않은 이른 시각에 일어난다. 그리고는 차에 올라 차라리 눈을 감아 버리고 싶은 정체된 도로를 뚫고 직장으로 향한다. 그리고는 밋밋한 색깔의 책상에 앉아 앞으로 8~10시간 동안 하루 종일 무엇을 할지 전달받는다. 그렇게 수많은 사람이 그저 공과금이나 낼 정도로 돈을 번다. 갖고 싶은 것은 절대 다 살 수 없다. 그리고 또다시 끔찍한 교통 정체를 뚫고 집으로 돌아와 텔레비전을 쳐다보다 잠이 든다. 다음 날도 마찬가지다. 똑같은 일이 주중 내내 반복된다. 주말이 돼서야 자신이 정말 좋아하는 일을 하면서 시간을 보낼 수 있다. 사람들은 일주일에 이틀을 즐기려고 닷새를 희생한다. 그리고 내키지 않거나 심지어는 질색인 일을 하느라 가족들과 시간을 보내지 못한다. 돈과 시간 때문에 스트레스를 받으면서 둘 다 원 없이 가져 보기를 소망한다. 하지만 그러다가 자신의 삶을 바꿀 수 없다고, 또는 꿈을 실현할 수 없다고 스스로 체념하는 것이 문제다. 도대체 왜 이렇게 살아갈까? 수많은 사람을 이렇게 살게 할 정도로 강력한 힘은 무엇일까?

그 답은 수많은 사람이 9시부터 18시까지 직장에 매이는 전형적인 삶의 방식이 자신이 선택할 수 있는 최선이거나 유일한 대안이라고 믿는 데 있다. 믿음은 충분히 사람들을 옭아맨다. 평범한 삶에 안주하게 만들고, 진정 원하고 누리고 싶은 인생을 위해 노력하는 일을 단념하게 만든다. 그러나 한편으로 믿음은 성공한 사람이 역경 속에서도 계속 성공하게 만들 수 있다.

어떤 빈털터리 남자가 좋은 아이디어를 생각해 냈다. 그 아이디어를 실현하기 위해 열심히 노력해서 2년 만에 순 자산이 1,000만 달러 이상이 됐다고 해 보자. 그는 목표를 달성한 자신이 무척 자랑스러웠고 아주 만족스럽게 살고 있었다. 그런데 6개월 뒤, 전자금융사기로 돈을 모두 잃고 5,000달러만 남게 됐다. 실제 상황이라면 그는 은행이나 보험사에서 혹은 그 밖에 어떻게든 돈을 보상받을 수 있겠지만, 여기에서는 전 재산이 딱 5,000달러만 남게 됐다고 가정하자. 이제 그가 무엇을 할 것이라고 생각이 드나? 꿈을 포기하고 꽉 막힌 차량이 행렬하는 출근길에 합류해 남은 인생을 9시부터 18시까지 일하며 보내게 될까? 더 중요한 문제는 이것이다.

'그가 보통 사람들과 마찬가지로 행동할 수 있을까?'

절대 그럴 수 없다! 남자는 지난 몇 년간의 경험으로 자신에게 훨씬 더 나은 길이 있음을 확실히 알았기 때문이다. 그리고 그렇게 믿고 있다. 그는 올바른 방식으로 최선을 다하면 다시 돈을 벌 수 있음을 안다. 비록 공과금을 내고 생계를 유지하기 위해 임시로 직장을 얻는다 해도 그런 믿음은 항상 머리 한구석에 남아 있을 것이다. 성공할 기회가 다시 찾아오자마자 덥석 붙잡을 것이다.

당신은
트래픽 파이터

지금 바로 슈퍼 리치의 믿음을 가져다 전 세계의 모든 평범한 '트래픽 파이터'의 머릿속에 심는다고 상상해 보자. 모든 사람이 갑자기 자기도 비즈니스를 시작해서 돈을 원하는 대로 벌 수 있다고 믿게 되면 어떤 일이 벌어질까? 아마 세계는 엄청난 혼란에 빠질 것이다. 사람들은 모두 출근하던 차를 돌려 회사를 빼 먹고 사업을 시작할 것이다. 전 세계의 대규모 기업들은 문을 닫게 되고, 아무도 스타벅스 같은 거대 프랜차이즈 카페에서 거품을 추가한 아이스 카페라테를 주문할 수 없을 것이다. 인력 부족 문제도 급속히 확산되겠지.

하지만, 겁먹지 않아도 된다. 그런 일은 벌어지지 않기 때문이다. 이것이 인간의 본성이다. 모든 사람이 자신을 제대로 알고, 직장을 그 만두고, 슈퍼 리치가 되는 일은 절대 불가능하다. 게다가 부자의 믿음을 가져다 당신의 뇌에 심더라도, 당신이 실제로 부를 창출하고 성공하는 일 또한 불가능하기는 마찬가지다. 만화책에서나 나올 법한 기막힌 사고를 당하지 않는 한 인간이 그런 믿음을 깨우치고 실천하는 일은 '거의' 일어나지 않는다.

내가 아는 아주 성공한 세 사람도 한때는 파산한 노숙자 신세였다. 하지만 현재 한 명은 자산이 6억 달러에 이르고, 나머지 두 명은 자기 소득으로 한 달에 수백만 달러를 번다. 이들에게 어떻게 이런 일이 일어났을까?

한때 그들은 무엇인가 다른 수를 내야 할 만큼 상황이 아주 나빴다. 돈 때문에 엄청난 고통을 겪었다. 이 상황은 조금 괴롭기는 해도 '그렇게까지 나쁘지는 않은' 트래픽 파이터의 상황과는 전혀 다르다. 트래픽 파이터는 자신의 직장에 대해 불평을 늘어놓고 가처분 소득이 더 많아지기를 바란다. 하지만 대다수가 극심한 정신적, 육체적, 감정적 고통을 겪지는 않는다. 사실 사람이 바뀌는 것은 엄청난 고통이다. 트래픽 파이터는 극심하게 고통받을 일이 없다. 처한 상황이 편하다. 때문에 바뀌기가 훨씬 힘들다. 여기에서 분명히 해 둘 말이 있다. 트래픽 파이터들이 행복하다는 말이 아니다. 특별히 힘들지는 않아서 다른 일을 해 봐야겠다는 압박을 느끼지 않는다는 말이다.

오아시스가
말라 버려야 한다

사업가가 되고 싶다는 욕망을 타고나는 사람이 있기는 하다. 당신도 텔레비전이나 잡지에서 14살짜리 억만장자들을 본 적이 있을 것이다. 불행히 나도 그런 부류는 아니다. 14살의 억만장자가 아니고, 그저 잠이 잘 올 것 같아서, 혹은 다른 이유로 이 책을 펼쳤다면 당신 또한 타고난 사업가는 아닐 것 같다. 우리 같은 사람들이 스스로 한계를 만들고 돈을 버는 데 방해하는 믿음을 깨부수기 위해서는 인생에서 아주 큰 충격을 받아야 한다.

절망, 고통, 분노, 두려움, 질병 등 외부 요인으로 고통받지 않는 한 사람은 대개 죽을 때까지 컴포트 존(comfort zone), 즉 편안함을 느끼는 영역에 머무른다. 이는 사람들이 행복하지 않은 상황에 안주하는 이유며, 보통 중산층이 계속 중산층에 머무르는 이유다. 하지만 요즘 무일푼에서 거부가 된 이야기를 꽤 접하는 이유기도 하다.

사막에서 당신 눈앞에 오아시스가 있다고 상상해 보자. 오아시스는 작아서 만족할 만큼은 아니지만 목숨을 부지할 정도의 물은 얻을 수 있다. 당신은 이 오아시스가 완전히 말라 버리거나 독사처럼 당신을 해칠 존재가 나타나지 않는 한 떠나지 않을 것이다. 슬픈 이야기지만 사람들 대부분이 동기 부여를 받아 삶을 엄청나게 개선하려면 눈앞의 오아시스가 다 말라 버리고 아주 나쁜 상황에 처하는 것밖에는 다른 방법이 없다. 실제로 나도 그래서 성공할 수 있었다. 눈앞의 오아시스는 완전히 말라 버렸고, 더 이상 편안한 상태에 머무를 수 없는 지경이었다. 그런 내 삶이 이렇게 변했다.

23살, 나는 공군을 제대했다. 나는 아무것도 가진 게 없었다. 정말 아무것도 없었다.

24살, 한 달에 소득을 5자리로 올렸다.

25살, 순 자산이 수백만 달러인 사업체를 갖게 됐다. 처음으로 람보르기니를 구입했다.

26살, 한 해에 수백만 달러를 벌었다. 꿈에 그리던 댈러스 부유층 동네로 이사했다. 그리고 수천 명을 상대로 한 사업을 운영했다.

27살, 회사 하나를 2,000만 달러 이상에 매각하려 준비 중이고, 내가 원하는 방식으로 인생을 살면서 매달 수십만 달러를 벌고 있다.

혼란스러운가? 놀라운가? 질투가 나는가? 내 설명을 들어 봐라.

나는 남의 돈 벌어 주기가 싫었다

22살 무렵 공군 4년 복무가 끝나 갔다. 군 복무는 나에게 도움이 됐다. 개인적으로 나중에 내 자녀도 입대했으면 좋겠다. 그럼 18세 이후부터는 확실히 내 돈으로 살지 않아도 되기 때문이다. 공군 복무를 하면서 나는 빠르게 성장할 수 있었고, 스스로를 돌보는 법을 터득했다. 군대는 좋았다.

하지만 거기에서 내가 한 일은 마음에 들지 않았다. 단 한순간도 그 일을 탓한 적은 없다. 덕분에 내 생애 가장 훌륭한 선물을 받았기 때문이다. 그 선물은 군대에서 했던 일이 너무 지긋지긋해서 정말 절박하게 내 삶을 바꾸고 싶다는 마음을 품게 했다는 것이다.

내가 일한 기지는 관리자가 소속 군인이 아니라 진급에 목매는 민간인이었다. 군대에서는 맡은 임무가 싫어도 그만할 수 없고 상관에게 불평할 수도 없다. 덕분에 진급에 목매는 민간인 관리자들은 윗선에 더 잘 보이려고 우리를 뼈 빠지게 부려 먹었다.

나는 군에 복무한 4년 동안 항공기 소방관으로 일했다. 기지 대부분에서 항공기 소방관들은 직책에 걸맞게 화재를 진압하고 훈련을 하는 데 시간을 쏟았다. 하지만 나는 소방 트럭을 치우고 닦는 데 시간의 99.9퍼센트를 썼다. 화재 진압이 아니라 화장실과 바닥 청소에 대해 훨씬 많이 알게 됐다. 어느 한 달 동안은 소방 트럭이 기지를 떠날 때마다 그 트럭을 청소해야 했다. 고위 관리자가 소방 트럭이 더럽다고 불같이 화낼까 봐 바보 같은 상관이 몹시 떨었기 때문이다. 참고로 소방차는 한밤중을 포함해 하루에도 대략 10번 이상 기지를 떠났다. 소방차를 위아래로 구석구석 깨끗이 하기 위해서는 45분에서 1시간 정도가 걸렸다.

화장실을 1,500개쯤 청소했을 때 나는 '정말 이제 됐다'는 생각이 들었다. 복무가 끝나면 군대를 떠나 새로운 일을 하고 싶었다. 그러나 문제가 있었다. 나는 군대 밖에서 먹고 살 기술이 없었다. 군에서 받은 화재 진압 훈련은 너무 특수해서 직업 소방관의 세계에서는 별로 경쟁력이 없었다. 그렇다고 남은 평생을 화장실 청소나 하며 먹고 살고 싶지는 않았다.

결국 선택지는 두 가지였다. 군 복무 기간을 연장해서 끔찍이 싫은 일을 하며 또 4년을 견디든지, 터무니없는 일을 하더라도 군대 밖에서 먹고 살 방법을 찾아야 했다. 나는 고집스러운 멍청이라 후자를 선택했다. 물론 대학에 갈 수도 있었다. 그럼 나는 4년이나 더 근근이 살아야 했다. 그리고 아마 지금쯤 통장에 수백만 달러를 쌓아 놓고 이렇게 책을 쓰는 것이 아니라, 기말고사를 치르면서 장래를 고민하고 있었을 것이다. 물론 군대에서 나와 비슷한 일자리를 얻을 수도 있었다. 하지만 나는 1년에 7자리 액수를 챙기는 사장을 돕느라 시급으로 10달러를 받으면서 일할 부류가 아니다.

지옥 같은 곳을 벗어난 첫걸음

나는 미친 짓이라도 해서 돈 버는 방법을 알아내기로 했다. 나는 온라인에서 수익을 창출하는 방법을 알아내기 위해 포럼과 웹 사이트 수십 개를 샅샅이 뒤졌다. 그러다 마침내 '검색 엔진 최적화'라는 방법을 발견했다.

검색 엔진 최적화가 무엇인지 설명하기 전에 한 가지 확실히 하자. 내가 이 책을 쓴 이유는 당신에게 검색 엔진 최적화를 배우라고 권장하기 위해서도, 가르치기 위해서도 아니다. 내가 슈퍼 리치가 된 방법은 이것과는 거의 상관이 없다. 또 나는 여기에서 돈을 버는 특정 방법을 추천하지도 않을 것이다. 부를 창출하는 방법은 1,001가지 그 이상이지만 내가 소개한 방법들을 따르면 돈을 버는 모든 방법을 알게 될 것이다.

말하자면 검색 엔진 최적화는 구글 같은 검색 엔진에 검색했을 때 웹 페이지가 상위에 나오도록 관리하는 프로세스다. 당신이 주택 보안 시스템 회사를 운영한다고 상상해 보라. 구글에 '주택 보안 시스템'을 쳤을 때 당신의 회사가 검색 결과 5위 안에 나타나면 매출을 대폭 높일 수 있을 것이다. 어떻게 회사 사이트가 검색 결과 5위 안에 들 수 있을까? 답은 누군가가 검색 엔진 최적화를 해 주면 된다.

검색 엔진 최적화라는 것을 발견한 순간 나에게는 공군을 떠나 교육을 거의 받지 않고도 꽤 괜찮게 돈을 벌 길이 보였다. 그저 웹 페이지가 상위에 링크되도록 기술을 충분히 익히고 사업체에 내 서비스를 판매할 방법을 배우기만 하면 됐다. 그렇게 나는 그 지옥 같은 곳을 벗어나 친구들이 사는 대학가로 거처를 옮길 수 있었다. 거기에서 친구들과 술도 마시고 인터넷 머니를 벌며 지낼 수 있었다. 나는 안정적이지만 정말 하기 싫은 일자리를 그만두고 온라인에서 돈을 벌기 위해 노력했다.

사람을 바꾸는 고통

당신이 기업가가 아니라면 내 말이 아주 멍청하게 들릴 수도 있다. 늦은 밤에 일확천금할 수 있다는 광고 제품을 덥석 사 버리는 사람처럼 보일지도 모른다. 하지만 나는 당시 하는 일이 정말 끔찍했다. 그래서 미래가 불확실해 보이는 길이라도 일단 가서 상황이 잘 풀리기를 기대해 보기로 결심했다.

나는 검색 엔진 최적화 실력이 형편없었다. 나는 한 번도 어떤 분야에서 실력이 빠르게 늘 학습 기술을 개발해 본 적이 없었다. 정규교육 시스템에서는 등식과 정의를 암기하고, 규칙을 따르라고 배운다. 우리는 어떻게 스스로 선택한 기술을 배울 수 있는지, 또 어떻게 그것에 능숙해지는지 배우지 않는다. 이것이 수많은 사람이 사업을 시작하지 못하는 큰 이유다. 이제 여기에서 그 문제를 해결해 보자.

하던 이야기로 돌아가자. 재입대 날짜가 다가왔을 때쯤 나는 아직 큰돈은 벌지 못했다. 몇몇 웹 사이트를 검색 결과 상위에 나타나게 만드는 데 성공했고, 프리랜서로 온라인에서 일하며 돈을 조금 벌었다. 그 수입에 의존할 정도는 아니었다. 그러나 검색 엔진 최적화로 돈을 많이 못 버는 상황에서도 나는 군대를 떠나 사업을 하는 것이 옳은 선택이라고 마음을 굳혔다. 단지 안정적으로 월급을 받자고 정말 싫어하는 일을 계속 할 수는 없었다. 그래서 나는 퇴직금 계좌에서 총 6,000달러를 찾아 부대를 떠났다. 이제는 생사가 걸렸다. 6개월 내에 충분한 소득을 창출할 방법을 알아내지 못하면 바로 빈털터리가 될 신세였다. 그렇기에 나는 살기 위해 중대한 행동을 할 수밖에 없었다.

보라. 당면한 상황이 좋든 나쁘든, 어쨌든 '편하다'고 생각하는 사람 중에 성공하는 사람은 거의 없다. 하지만 자신이 신체적, 정신적, 감정적 고통을 겪는다고 생각하면 그 사람은 행동하고, 위험을 떠안고, 허황돼 보이는 목표를 향해 노력할 가능성이 훨씬 높다. 사람들을 성공하도록 추진하는 것은 그런 고통이다. 이는 폐암 진단을 받은 환자들이 담배를 쉽게 끊을 수 있는 이유다. 사람들이 병을 예방하려고 먹는 비타민은 항상 까먹다가도, 아프면 약을 잘 챙겨 먹는 이유다. 또한 내가 행복해지고 성공하기 위해 검색 엔진 최적화로 돈을 벌 수 있었던 이유다.

이것이 많은 사람이 부자가 된 이유 중 하나라고 나는 믿는다. 그들은 자신이 처한 상황이 견딜 수 없이 지긋지긋해져서 평생 머릿속에 주입된 삶의 방식을 거스를 수밖에 없는 지경에 이른다. 기존 방식으로 계속 살기가 더 이상 참을 수 없는 것이다. 그 후 일단 돈을 벌 방법을 찾고 나면, 그들은 또 돈을 더 많이 벌지 못하는 것을 참을 수 없게 된다.

앞서 언급했듯이 순 자산이 5천만 달러에서 6억 달러에 이르는 대부호들도 모두 한때는 파산한 노숙자 신세였다. 극단적인 상황에서는 평생 들어 온 말들을 모두 무시하고 어려움에서 벗어나기 위해 과감한 행동을 취할 수밖에 없다.

다시 내 이야기를 하겠다. 대학도 가지 않고 전 재산 6,000달러만 챙겨 군대를 나왔을 때는 정말 괴로웠다. 가족과 친구들이 나를 패배자로 여길 것이라는 생각에 견딜 수 없었다. 나는 사람들에게 일평생 패배자였다. 입대 전에는 직업이 없었고, 복무를 마쳤을 때는 화장실 청소 말고 잘하는 것이 없었다. 무엇인가 과감한 일을 하지 않으면 앞으로 평생 화장실 청소나 하면서 근근이 살아야 할 뿐 아니라 미래에 곤란한 상황만 가득 펼쳐질 것 같았다. 그렇다고 부대에서 화장실 청소를 하며 4년을 보냈는데, 또다시 그 생활을 할 수는 없었다. 게다가 내 인생을 그냥 뒀을 때 초래할 결과를 용납할 자신도 없었다. 무너지기에 내 인생은 너무 소중했고, 자존심도 허락하지 않았다. 현실을 깨닫자 나는 갑자기 슈퍼맨이 됐다. 어렵지 않게 16시간을 내리 일하기 시작했고, 머릿속은 온통 검색 엔진 최적화 분야에서 전문가가 되겠다는 생각으로 가득 찼다.

나는 결국 검색 엔진 최적화를 잘하게 됐다. 정말로 잘! 사람들이 배우는 데 몇 년씩 걸리는 기술을 나는 몇 달 만에 완전히 숙달했다. 나는 상품을 만들고, 사이트를 개설하고, 고객 유치를 위해 판촉 전화를 걸었다. 그 모든 일을 다 했다.

내가 재능이 있어서가 아니었다. 나에게는 일을 배우고 익히면서 하루에 16시간을 내리 앉아 일하게 만드는 동력이 있었다. 누구든지 엄청난 시간을 쏟아 몰두하고 고민하면 어떤 일에서든, 돈 버는 일에서조차도 전문가가 될 수 있다. 그러나 사람들은 대부분 그렇게 하지도, 할 수도 없을 것이다. 그럴 만한 '동기'가 없기 때문이다. 가장 중요한 것은 동기다. 하지만 극단적인 상황에 처하지 않으면 동기는 거의 유발되지 않는다.

컴포트 존, 나의 안정적인 지대

나는 검색 엔진 최적화를 잘하게 돼서 보통 전일제로 일할 때만큼 소득이 괜찮았다. 중요한 것은 내가 아주 열심히 일하기만 하면 돈을 벌 수 있다는 믿음을 갖게 됐다.

기술을 익힌 덕분에 제대하자마자 마케팅 회사에서 정규직 일자리 제의가 들어왔다. 직장 생활을 하고 싶지는 않았다. 하지만 입사하면 다시 편리한 사회 안전망과 컴포트 존 안에서 일할 수 있으므로 제의를 수락했다. 지금도 그 결정을 후회하지 않는다. 하지만 내 사례만 봐도 안정적으로 일할 수만 있으면 사람들이 얼마나 쉽게 원치 않는 일에 응하게 되는지 알 수 있다. 그래도 그 마케팅 회사는 함께 일하는 사람들도 참 괜찮고 훌륭한 직장이었다. 당시 내가 꿈꿔 왔던 상황이었다. 게다가 회사 월급과 부업으로 검색 엔진 최적화를 하며 버는 돈을 합치면 한 달 수입이 1만 달러가 넘었다. 대학 졸업장을 받은 내 친구들도 이만큼은 벌지 못했다. 그래서 나는 한동안 어느 정도 여유로운 삶에 꽤 만족했다.

그런데도 내 사업을 시작해 일만 열심히 하면, 돈을 더 많이 벌 수 있겠다는 믿음이 머릿속을 떠나지 않았다. 그때까지 내가 거뒀던 성공들이 하나같이 그 믿음을 입증했다. 그래서 돈을 더 많이 벌고 싶어졌을 때 컴포트 존에 머무르는 것이 옳다고 믿기가 힘들었다. 나는 이 안락한 구역에 머물면서 내 행동을 바꾸지 않으면 결국 소득 또한 변하지 않으리라는 사실을 알았다. 그런 생각 때문에 나는 곧 줄지은 차량들로 꽉 막힌 출근길이 짜증 나기 시작했다. 여기에서 더 심한 말은 안 하겠지만 나는 출퇴근 시간대 교통 혼잡이 견딜 수 없이 싫다. 그런 의미에서 내가 사용하는 '트래픽 파이터'는 '자신의 직장과 삶의 방식이 싫지만 벗어나지 못하는 사람들'을 뜻한다.

트래픽 파이터란 그저 9시부터 18시까지 직장에서 일하는 사람들이 아니다. 9시부터 18시까지 직장에서 일하는 사람들 중 자기가 하는 일을 싫어하면서 그 시간에 다른 일을 하고 싶어 하는 사람들만을 이른다. 일부는 업무 시간에 자신이 직장에서 하는 일을 좋아하고, 월급에 만족한다. 하지만 당신이 그런 부류라면 아마 이 책이 아니라 베스트셀러 목록에서 찾은 소설을 읽고 있었을 것이다. 당신이 그런 부류라면 건투를 빈다! 그래도 이 책은 당신이 어떤 일을 하든 더 성공하는 데 도움이 될 것이다. 다만 나는 자신의 직업이나 소득 수준에 만족하지 못하는 사람들을 위해서 이 책을 썼다. 그런 사람들이 변화를 만들고 엄청나게 성공할 가능성이 훨씬 높기 때문이다.

사장이 나보다 10배는 더 많이 버는데?

곧 사장이 회사를 운영하는 방식을 내가 싫어한다는 것을 깨달았다. 일주일에 닷새를 일하고 고작 이틀밖에 못 쉬는 것도 싫었다. 사장은 나보다 10배는 더 버는 것을 뻔히 아는데 나는 한 달에 1만 달러만 버는 것도 싫었다. 내 불만은 모두 혼자 일하면서 머릿속에 자리 잡은 그 믿음 때문이었다. 맞다. 이 회사는 내가 꿈꾸던 직장이었다. 하지만 혼자서 돈을 더 많이 벌 수 있음을 알기 때문에 나는 늘 화가 났다. 그래서 나는 마케팅 회사를 그만둬도 될 정도로 사업을 키우기 위해 틈날 때마다 일하기 시작했다. 퇴근해 집에 돌아와서도 일했다. 친구들이 밤새 게임할 때도 나는 일했다. 내가 아는 사람들이 모두 주말에 술을 마실 때에도 나는 일했다.

2개월 후, 나는 회사 월급을 제외하고 순전히 내 사업만으로 한 달에 2만 달러 이상을 벌었다. 그 시점에 직장을 그만뒀다. 절대 뒤돌아보지 않았다. 사장은 좋은 사람이고 회사도 훌륭했다. 하지만 직장에 들어가기 전에 이미 나는 혼자서 수입을 통제할 수 있다는 확고한 믿음을 갖게 됐다. 이 때문에 나는 어떤 직장에서든 절대 정년까지 일하지는 못할 것이다. 설령 모든 것을 잃으면 기본 생활비를 충당하기 위해 일단 직장에 들어가겠지. 하지만 거의 곧바로 새로운 사업을 시작할 것이다. 왜냐고? 나 자신을 위해 일하면서 성공할 수 있음을 알기 때문이다.

삶이 괴로웠기 때문에 나는 과감하게 행동해야겠다는 마음을 품을 수 있었다. 사실 그 정도는 나에게 별로 어렵지 않았다. 선택의 여지가 없었기 때문이다. 그 행동 덕분에 나는 스스로를 독려해 더 멀리 나아갈 믿음을 얻었다. 더 멀리 나아가면서 내 재산과 수입을 통제하는 방법도 배울 수 있었다. 앨리스가 빠진 토끼굴과 다름없는 곳으로 더 깊이 들어가면서 나는 수백만 달러를 버는 데 필요한 사고방식과 믿음을 더 배웠다. 나는 결과적으로 성공한 사람들은 모두 지녔지만 성공하지 못한 사람들은 모두 지니지 못한 핵심, 믿음을 알게 됐다.

나는 이 책으로 여러분에게 마지막 단계, 즉 부와 소득을 통제하는 단계로 바로 갈 수 있는 지름길을 제시하고 싶다. 또한 나를 비롯해 수많은 사람을 엄청난 부자로 만들어 준 비법을 알려 주고 싶다. 여러

분이 우리 같은 사람들이 겪었던 엄청난 고통을 건너뛰고 인생을 통제할 사고방식을 얻을 수 있기를 바란다.

사람들은 이런 비법을 얻기 전에 대개 엄청난 고통을 겪고 서서히 믿음을 형성하는 과정을 거친다. 하지만 당신이 지금 이 책을 읽고 있다면 아마 성공하고 싶은 욕구가 현실에 안주하려는 욕구보다 강한 상황을 겪지는 않았을 것이다. 적어도 아직은 말이다. 오해는 마라. 나는 아주 심각한 상황에 있던 것도 아니고 무일푼에서 부자가 된 것도 아니다. 당시 내가 느낀 정신적 고통은 모두 스스로 만들었다. 하지만 중요하기는 마찬가지다!

지금 당장 바꿔야 해, 무엇이든!

더 이상은 참을 수 없는, 무엇인가 바뀌지 않으면 미쳐 버릴 것 같다고 당신의 뇌가 아우성치는 순간이 있다. 이유는 사람마다 다르다. 당신의 뇌가 '지금처럼 살 수 있어'에서 '지금 당장 무엇이든 바뀌어야 해'로 스위치를 바꾸는 이유는 끔찍한 직장이나 파산 때문일 수도, 경제적 어려움이나 충격적 사건 때문일 수도, 앞에서 언급한 내 친구들의 과거처럼 노숙자 신세가 돼서일 수도 있다. 물론 사람들은 대부분 더 이상 참을 수 없는 그 지점에 이르지 못할 것이다. 왜냐고? 우리는 태어난 그날부터 일상의 가벼운 고통은 정상적이고 당연하며, 인생의 모든 면에서 만족하며 살 수는 없다고 생각하게 만드는 사회에서 살았기 때문이다.

우리는 편함을 사랑하는 사회에서 산다. 돈을 충분히 벌어 편안히 살기 위해서 소위 좋은 학교에 입학을 하고, 좋은 성적을 받고, 좋은 회사에 취직해서 맡은 임무를 잘해야 한다는 말을 듣는다. 하지만 그런 말을 들어 온 당신도 일이 마음에 안 드는데 단지 편하다는 이유만으로 삶을 바꾸는 것이 무의미하고, 어리석고, 불가능하고 혹은 너무 위험하다고 생각하지는 않은가?

지금 하는 일을 좋아하지 않을 수 있다. 행복하지 않을 수 있고, 더 부자가 되고 싶을 수 있다. 하지만 지금 손에 쥔 것이 위험하다고 믿는 일을 감수하는 데 비하면 낫다고 생각한다. 이 때문에 컴포트 존을 벗어나 자신의 삶을 바꾸는 정도로까지 스스로를 몰아붙이는 사람은 극히 드물다. 그러나 진실은 분명하다. 당신의 삶이 변하지 않으면 당신은 성공할 수 없다. 당신이 변하지 않으면서 삶이나 환경, 상황이 변하기를 기대할 수는 없다.

당신은 그래서 이 책을 읽고 있을 것이다. 지금 처한 상황이 싫고 바꾸고 싶은데, 어떤 위험도 감수하지 않고 부자가 될 수 있다는 이 책을 안전하게 펴 들고 있을 것이다. 아직 사업을 성공한 경험이 없거나 과감한 방식으로 삶을 바꿔 본 적이 없다면 더더욱 그럴 것이다. 다들 그렇다. 그 점이 내가 앞으로 바로잡을 당신의 문제 중 하나다. '위험을 감수해야 하는 것'이 당신이 당장 수용해야 할 핵심이다.

당신의 세계가 바뀐다

■■■■■■■■■■■ 지금 말하겠다. 부자가 되려면, 성공하려면 위험을 감수해야 한다. '하이 리스크 하이 리턴(High Risk High Return)'이라는 말을 들어 보지 못했나? 위험이 크면 보상도 크다는 뜻이다. 당신은 위험도 작고 보상도 작은 세계에 살고 있다.

지난 몇 년간 나는 오직 돈 버는 일, 점점 더 많은 돈을 버는 일에만 집중했다. 크게는 슈퍼 리치들을 연구했다. 그들을 직접 만나 상당한 시간을 보냈다. 그들 다수는 엄청난 고난을 겪은 후 성공했다. 나는 여러분에게 그런 어려움을 겪지 않고도 부자가 될 방법을 가르쳐 주겠다. 참고로 내가 말하는 '부자'는 변호사나 의사가 버는 정도의 수입이 아니라 제트기를 소유할 정도의 부자다. 그리고 내가 말하는 '성공'은 아큐라 두 대를 소유한 정도가 아니라 세계 주요 도시에서 아파트 여러 채를 소유한 정도다.

당신이 어떤 사람이든, 지금 어떤 일을 하든 나는 당신이 부자가 될 수밖에 없는 핵심과 사고 프로세스를 가르쳐 줄 것이다. 심지어 그런 교훈을 얻기 위해 보통 필요한 고통의 과정을 건너뛸 가르침을 전달할 것이다. 이 책은 성공한 사람들의 마인드를 당신도 가질 수 있도록 할 것이다. 당신이 자신감을 갖고 꿈을 좇도록 독려하고 노하우를 알려 줄 것이다. 그동안 부자가 되는 길로 가는 문을 쳐다보면서 들어가는 방법은 몰랐다면 이 책이 당신에게 그 열쇠다. 내가 알려 준 모든 것을 믿고 따르기만 한다면 말이다. 만일 이렇게 생각하면 이 책은 당신에게 효과가 없을 것이다.

'멋지네! 이 방법이 그에게는 통한 것 같군. 하지만 나는 상황이 다른 걸? 나한테 과연 효과가 있을까?'

자, 다시 말하지만 나는 당신에게 성공의 문을 열 수 있는 열쇠를 건넬 것이다. 하지만 문을 열어야 하는 사람은 당신이다.

나는 한때 노숙자였던 사람이 1년 만에 5천만 달러 이상 버는 것을 직접 봤다. 사업을 10번이나 실패하더니 나중에는 순 자산이 5억 달러가 넘은 사람도 봤다. 대학에 가고 직장에 들어간 친구들이 하던 일에 진저리를 내고, 혼자 힘으로 부자가 되는 것도 봤다. 나는 당신이 상상할 수 있는 거의 모든 상황에서 온갖 유형의 사람들이 성공하는 것을 봤다. 그중 대부분은 똑똑하지도 않고 상당수는 건달에 가깝다. 하지만 나를 비롯해 그런 사람들은 모두 똑같은 믿음을 갖고 있었다. 게다가 그 믿음에 더 순응할수록 그들은 더 부자가 됐다.

그 믿음은 가난한 사람들은 결코 갖지도, 이해하지도 못한다. 이 책을 읽고 나를 바보라고 말하는 사람도 있겠지. 나와 같은 방식으로 생각하기를 원한다는 이유로 당신도 내가 멍청하다고 말할 수 있다. 이런 점이 바로 왜 그들이 애초에 가난한지를 확실히 보여 준다. 왜냐하면 어떤 사람이든 틀에서 벗어나 엄청난 부자가 될 수 있음을 믿지 않기 때문이다. 해결책은 머릿속에 있다는 말도 분명 믿지 않는다.

하지만 괜찮다. 당신이 남은 인생을 열심히, 똑똑하게 일하며 목표를 달성하고 뛰어넘을 때 그들은 평생을 편안하고 가난하게, 하지만 불만족스럽게 살 것이다. 그들은 몇 년을 일해야 승진할 수 있지만, 당신은 매주 스스로 자신을 승진시킬 것이다. 그들이 한 푼을 아끼며 예산을 세울 때, 돈이 차고 넘치는 당신의 머릿속은 돈을 제외한 다른 생각들로 가득할 것이다. 그들이 정년쯤 돼서 지난날을 돌아보며 컴포트 존을 벗어나지 않은 것을 후회할 때, 당신은 지난날을 돌아보며 그동안 해 온 일을 아주 흡족해 할 것이다.

내가 말하는 믿음과 사고방식, 인식은 이만큼 중요하다. 아주 강력한 효과가 있다. 이 책에서 말하는 그 믿음과 사고방식, 인식은 오늘날의 슈퍼 리치들을 있게 한 모든 것을 지탱한다. 일단 머릿속에 이요소들이 자리 잡으면 당신의 세계는 완전히 바뀔 것이다. 그리고 이

전의 세계로는 결코 돌아갈 수 없을 것이다. 이 책을 읽기 전에는 당신이 어떻게 살아 왔는지 궁금해질 지경에 이를 것이다.

자, 이제 그만 떠들고 본론으로 들어가자.

첫 번째

부자는
천천히 벌 생각이 없다

그동안 들어 온 조언은
다 틀렸다

■■■■■■■■■■■■■ 원하는 만큼 돈을 벌면서 자유롭게 살 수 있다는 말이 먼 나라 이야기처럼 들린다면 지금부터 내 말에 열 받을 각오를 해야 한다. 그동안 '성공하는 법'이라며 당신이 누군가에게 배운 것들은 전부 다 틀렸다. 그렇다. 정말 틀렸다. 자수성가한 슈퍼 리치에게 배운 것은 빼고!

당신의 아버지도, 조부모도, 스승도 틀렸다. 당신 친구는 아마 바보일 것이고, 역시 틀렸다. 우리 사회와 구성원은 항상 틀린다.

당신도 틀렸다.

농담이 아니다. 아침 8시쯤 주요 도시에 있는 아무 고속도로에 차를 몰고 나가 보라. 고등 교육을 받은 수만 명이 꼬리에 꼬리를 물고

늘어선 차량 속에 꼼짝없이 갇혀 형편없는 편의점 커피나 홀짝이며 앞 차에 욕설을 퍼붓고 있다. 이른 아침부터 꽉 막힌 도로 한가운데 있고 싶어서 일주일에 무려 닷새를 차를 끌고 나오는 것은 아닐 터다. 조금 비참해도 다른 뾰족한 수가 없다고 생각하기 때문에 은퇴하기 전, 죽기 전까지 매일 이런 생활을 반복하는 것이다.

이 사람들이 모든 것을 다 고려해 옳은 결정을 내린 것 같은가? 혹시 매일 아침 도로 위에서 싸우는 트래픽 파이터들이 정말 당신에게 돈 걱정 없이 사는 법을 알려 줄 최적의 사람들로 보이나? 답은 확실히 '노'다. 그런데 당신은 여태 이런 사람들에게 어떻게 살아야 하는지 조언을 들어 왔다.

나는 매일 아침마다 하고 싶은 일을 스스로 결정한다. 때로는 새벽 4시에 일어나 일을 하고, 개발자와 이야기를 나눈다. 때로는 아침 6시에 일어나 4시간 동안 게임을 한다. 그리고 10시가 되면 사람들이 모두 빠져나간 도로로 페라리를 끌고 나가 식료품점에서 주스로 갈아 마실 신선한 야채를 구입한다.

물론 이 말을 철딱서니 없는 잘난 체쯤으로 여길 수도 있다. 하지만 적어도 나는 원하는 일을 원하는 시간에 하면서, 아주 끝내주는 생활을 하고 있다. 일도, 게임도, 빈둥거리는 것도 정말 즐겁다. 이 즐거운 일들을 나는 하고 싶을 때 하면서 산다. 무엇보다도 아침 8시에 도로 위에서 생전 처음 보는 사람에게 잔뜩 화내며 소리 지를 일은 절대 없다.

매일 아침 도로 위에서 싸우는 트래픽 파이터로 사는 것, 나처럼 사는 것도 모두 가능하다. 당신은 어떤 삶의 방식을 따르고 싶은가?

안전한 위험 대 불안한 위험

트래픽 파이터들이 성공하는 법이라며 우리에게 줄곧 가르쳐 준 것이 왜 엉터리일까? 우리는 계속 올바른 길을 가라고 들어 왔다.

"학교 공부 잘해서 좋은 대학에 들어가고, 좋은 직장에 취직해서 열심히 일하고, 돈 벌면 대부분 저축하고, 65세나 70세쯤 은퇴해라. 이 방법이 예나 지금이나 성공하고 행복해질 가장 안전한 방법이다. 그러니 일만 열심히 하면 된다."

그래서 사업을 하는 것이 엄청난 위험을 떠안는 일로, 말도 안 되게 어렵고, 흡사 로또 같은 일로 믿게 된다. 마크 큐반이나 마크 저커버그쯤 되지 않으면 안 된다거나, 아주 훌륭한 사업 아이디어가 없으면 돈만 날릴 뿐이라고 생각하게 된다. 여기에서 내 말을 오해해서는 안 된다. 사업은 당연히 위험을 수반한다. 하지만 그 위험은 '안전한 위험'이다. 미리 앞을 내다보고 적절히 계획을 세우면 자신이 충분히 통제할 수 있는 위험이다. 반면 '불안한 위험'은 자신의 일을 다른 사람이 통제하도록 두는 것이다. 성공하기 위해 사회가 규정한 방법을 그대로 따르면 불안한 위험을 기반으로 인생을 설계하는 것이다.

'사업을 시작해도 나는 성공할 수 없을 거야.'

이런 생각이야말로 아주 위험하다. 더 풍요로운 삶을 꿈꾸지 못하고, 기껏해야 나이 들어 적당히 부유한 축에 드는 것밖에는 될 수 없다. 게다가 9시부터 18시까지 직장에 매인 삶은 사실 당신이 통제할 수 없는 위험으로 가득하다. 이런 인생은 재정적 관점과 삶의 질의 관점에서 보면 일찍 죽는 것과 다름없다. 왜일까?

막막하고 위험한
'천천히' 부자 되기

▪▪▪▪▪▪▪▪▪▪▪▪▪ 당신이 좋은 대학에 들어가 우등으로 졸업하고, 연봉이 7만 달러인 대단한 직장에 들어갔다고 가정하자. 당신은 물불 안 가리고 열심히 일한다. 그래서 매년 평균 5~7퍼센트씩 임금이 인상됐다. 이 속도라면 10년 뒤에는 연봉으로 10만 달러 이상을 벌 것이고, 30년 뒤에는 꽤 큰돈을 손에 쥘 수 있다. 이렇게만 되면 당신은 행운아다.

천천히 부자 되는 법은 안전하고 현명할까? 재정적 관점에서 한번 살펴보자. 현재 당신은 경제적으로 꽤 여유 있게 살고 있다. 일주일에 닷새를 매주, 영원히 헌신하는 대가로 생활비를 벌고 아주 가끔은 사치를 즐길 수도 있다. 당신과 가족은 이런 삶에 아주 만족한다. 특히 어린 시절 당신에게 조언해 준 오랜 친구와 친척들의 삶과 비교할 때면 자신의 삶을 더 흡족하게 느낀다. 이렇게 편한 인생을 살게 된 것은 그들의 말대로 한 덕분이다. 비록 늘 꿈꾼 람보르기니를 몰아 보지 못하고, 억만장자가 돼 보지 못하고, 아무 때나 세계 여행을 다니지 못하고, 막대한 돈과 시간을 들여야 하는 것들은 절대 갖지도, 경험하지도 못한다. 하지만 사람들 대다수의 기준대로라면 앞으로도 꽤 근사한 인생을 살 것이다.

그러니 이제 남은 30년 동안 열심히 일한 뒤 은퇴하면 된다. 연봉이 12만 달러가 됐다고 가정하자. 연 수입에서 세금을 제하고 50퍼센트를 저축하면 30년 뒤 은퇴 무렵에는 통장에 180만 달러가 쌓여 있을 것이다. 나쁘지 않다. 30년 뒤에는 그런대로 부자가 돼서 죽을 때까지 풍족하게 살 수 있다. 지나친 사치만 부리지 않으면 말이다.

나름 괜찮아 보인다. 단 이 중 하나도 벌어져서는 안 된다.

- 향후 30년 이내에 죽으면 안 된다.
- 당신 잘못으로 해고당하면 안 된다.
- 회사 사정으로 정리 해고당하면 안 된다.
- 회사에서 당신이 하던 일을 외주로 빼면 안 된다.
- 당신이 하던 일이 쓸모없어지면 안 된다.

그리고 이 사건들은 반드시 모두 일어나야 한다.

- 당신의 회사가 계속 돈을 잘 벌어야 한다.
- 경기가 나쁘지 않아야 한다.
- 저축한 통화의 가치가 강세를 유지해야 한다.
- 투자가 망해서는 안 된다.
- 일을 그만둬야 할 만큼 큰 병이 생겨서는 안 된다.

이 모든 일이 당신에게 딱 유리한 방향으로 순조롭게 흘러간다면, 앞으로 30년 뒤에는 어느 정도 백만장자 대열에 들어설 수도 있다. 내가 백만장자 앞에 덧붙인 '어느 정도'에 주의하라. 진짜 부자라면 절대 돈 걱정할 일이 없어야 한다. 한 푼이라도 아껴야 하고 은퇴 후에는 씀씀이에 주의해야 한다면, '진짜 부자'로 사는 것이 아니다.

안타깝게도 당신에게 불리한 일이 벌어질 가능성은 얼마든지 있다. 나는 지금까지 근 30년을 살았지만 그동안 우리 가족은 전부 경기 불황과 회사 사정 등의 이유로 정리 해고를 당했다. 그래서 재정적인 면에서만 봐도 '안전하게 천천히 부자 되기' 또는 '천천히 꾸준히 해서 승리하기'는 감히 말하건대 사기 급으로 말도 안 되는 생각이며, 재정적 파탄으로 가는 지름길이다.

'천천히 부자 되기'는 어떤 의미로 보나 최상의 상황만을 바라면서 벌이는 완전한 도박이다. 도박은 자신이 직접 통제할 수 없는 어떤 결과를 놓고 내기하는 것이다. 당신의 소득을 앗아갈 수 있는 '소득 킬러'들은 모두 당신이 통제할 수 없다. 근무하는 회사의 수익성 유지같이, 성공하려면 반드시 유지돼야 하는 조건들도 모두 당신이 통제할 수 없다. 그래서 아주 불안하다. 당신의 인생을 통제하는 거의 모든 요소가 다른 누군가에게 달렸기 때문이다. 사장이든, 회사든, 경제 상황이든 혹은 황당무계한 사고든 당신 이외의 모든 사람과 사건이 당신의 재정 웰빙을 좌우한다. 그런데 당신도 이를 허용했기 때문에 잘못은 당신에게 있다.

당신이 아무리 열심히 일하고 아무리 많이 저축해도, 또 아무리 똑똑해져도 파도가 덮쳐 와 당신이 30년을 공들여 쌓은 재정 모래성을 한순간에 무너뜨릴 가능성은 항상 존재한다. 더 심각한 점은 당신이 노후 대책을 마련하는 데 더 오랜 시간을 투자할수록, 앞서 이야기한 문제 중 하나 때문에 그 대책이 무너질 가능성이 더 높아진다는 것이다. 무엇인가를 짓는 데 오랜 시간이 걸리면 그 길어진 시간 때문에 일이 잘못될 가능성이 더 높아진다.

집에 지붕을 올리고 있다고 상상해 보자. 비가 내리면 모든 것이 끝장이다. 공사를 24시간 안에 끝내면, 비를 만날 가능성은 그만큼 낮아진다. 하지만 지붕을 다 올리는 데 한 달이 걸리면, 한 달 중 최소 하루쯤은 비를 만나 공사를 중단하거나 다시 시작할 수밖에 없는 상황이 벌어지기 쉽다. 사람들이 재정을 관리하는 방식이 이렇다. 30년 동안 '재정'이라는 지붕을 올리면서 단 하루도 비가 내리지 않기를 기도하는 것과 다름없다.

당신이 반드시 알아야 할 사실은 '비는 내린다'는 것이다. 심지어 인생을 사는 동안 여러 차례 내린다. 그러므로 천천히 부자가 되겠다는 발상은 끔찍하게 위험하다. 절대 일어나지 않을 일을 꿈꾸는 것이다. 심지어 오늘날 인구는 증가하는 반면 기술은 아주 빠른 속도로 인간의 노동력을 대체하고 있다. 때문에 상황은 더욱 악화되고 있다.

천천히 부자 되기는 최악이다

내가 하는 이야기가 끔찍하게 들리겠지만 우리 사회에 만연한 '천천히 부자 되기' 사고방식이 가진 최악의 문제는 아직 꺼내지도 않았다. 재정적인 문제에서 벗어나 삶의 질에 초점을 맞춰 이야기해 보자. 세상에는 돈에 별로 관심이 없고, 엄청난 부자가 되기를 원치 않는 사람도 있다. 그들은 스트레스 없이 행복하게 살기만을 원한다.

내가 한 이야기가 모두 사실이 아니라고 하자. 즉 세상은 완벽해서 나쁜 일은 결코 일어나지 않는다고 가정해 보는 것이다. 당신은 아프지도, 해고당하지도 않을 것이다. 회사는 영원히 잘 굴러갈 것이다. 그러니 당신은 그저 30년 동안 열심히 일만 하다가 은퇴할 수 있다. 그리 나쁘지 않은 것 같다. 몇 가지를 떠올리기 전에는 말이다.

- 30년을 허리띠를 졸라매고 돈을 모으는 데 중점을 두고 살아야 한다. 이는 삶 전체가 제한을 받는다는 의미다. 당신은 절제하며

살 수밖에 없다.

- 금요일 밤, 번화가에 있는 고급 레스토랑으로 배우자를 데려가고 싶다. 하지만 '예산에 맞춰' 집 근처의 식당으로 간다.
- 가족과 유럽 여행을 하고 싶다. 하지만 주말에 비용이 훨씬 저렴한 지방 박람회나 놀이동산에 가기로 한다.
- 페라리를 정말 갖고 싶다. 하지만 드림 카를 사면 30년 저축 계획에 차질이 생기기 때문에 중고차를 몰 수밖에 없다.

물론 필요한 것은 전부 살 수 있고, 원하는 것도 몇 가지는 살 수 있다. 하지만 사치품을 사는 데 돈을 마음껏 쓰지 못한다. 패스트푸드나 부담 없는 가격대의 자동차 같은 평범한 것들에 정신적, 육체적으로 만족해야 할 것이다. 인생을 적당한 정도로밖에 살 수 없다. 뿐만 아니라 당신의 관심은 발전과 변화가 없는 방향으로 집중되면서 삶의 질은 급격히 떨어질 것이다. 현재의 삶에서 위대한 일을 성취하고자 집중하는 대신, 악착같이 절약하고 1+1 쿠폰에 반가워할 것이다. 그러면서 몇 십 년 후에는 은퇴해도 될 만큼 충분한 돈이 모이기를 바라겠지.

당신은 편안한 미래를 꿈꾸며 평생 스스로를 제한하며 살게 될 것이다. 오해하지 마라. 나는 분수에 넘치게 생활하라고 주장하는 것이 아니다. '천천히 부자 되기'의 방식으로 산다면 절대 '사는' 것이 아니라고 말하는 것이다. 돈의 노예로는 정말 원하는 인생을 살 수 없기 때문이다.

'천천히 부자 되기'의 태도로 살면 정말 편히 쉬면서 인생을 즐길 시기는 빨라도 60세 이후에나 찾아온다. 하지만 그조차도 당신이 편히 쉬어도 될 만큼 여유로운 재정이 조건이어야 한다. 여전히 활동적이고, 젊을 때 하고 싶던 일들을 여전히 다 하고 싶을 때에나 가능하다. 아주 긴 노동의 터널을 마침내 통과했을 때, 당신을 기다리는 보상이 고작 사라져 버린 젊음과 죽을 때까지 분수에 맞게 살 만큼의 돈이라니. 도대체 무슨 보상이 이렇단 말인가?

　은퇴만 하면 여행하겠다거나, 자동차를 새로 사겠다거나, 꿈꾸던 도시로 이사 가겠다고 말하는 사람들 이야기는 꺼내지도 마라. 은퇴할 때까지 당신과 배우자 모두 여행을 떠날 수 있게 여전히 건강하고 민첩하기를 소망하느니 하루라도 젊을 때 떠나는 것이 훨씬 낫지 않겠나? 하고 싶은 일이 있으면 당장 해야 한다. 미래는 보장되지 않는다. 당신도 정년이 됐을 때 결국 떠나지도 못할 은퇴 여행을 위해 한 푼을 아끼느라 젊은 날을 제대로 보내지 못한 것을 후회하고 싶지는 않을 것이다. 당신은 '그럭저럭 살기 위해' 혹은 '편히 쉬기 위해' 가장 젊은 시절의 71퍼센트를 그야말로 포기해 왔다. 일주일에 5일은 71퍼센트에 해당하므로, 결과적으로 인생의 71퍼센트에 해당한다. 71퍼센트를 포기한 채 소파 쿠션 사이에 긴 동전이나 더듬으며 젊은 시절을 보낸 대가로 정작 돈을 쓰며 제대로 즐기기에는 너무 늙어 버린 나이에야 돈을 좀 쥐겠는가?

　삶의 질이 어때 보이는가? 인생의 71퍼센트를 포기하고, 돈 문제로 스트레스를 받고, 제한된 인생을 사는 것을 과연 긍정적으로 말할 수 있을까? 사랑과 가족, 즐거움이 아닌 돈에 집중하는 삶을 과연 멋진 인생이라 할 수 있을까? 심지어 죽기 전까지 돈이 바닥나지 않기를 바라면서 보내는 노년을 과연 보상이라고 할 수 있을까?

천천히 부자 되기는 재정 파탄을 도모하는 것과 마찬가지다. 아주 위험한 계획이며 당신이 죽는 날까지 삶의 질을 현저히 떨어뜨린다. 당신은 불공정하고 스스로 통제할 수 없는 시스템에 인생을 맡길 필요가 없다. 그 시스템에서 벗어나 자신의 운명을 통제할 방법이 있기 때문이다.

내가 앞서 예로 제시한 재정 관련 시나리오를 보자. 최상의 경우라도 은퇴하기 전까지 계속 제한된 인생만 살다가 늙어서 180만 달러가 든 저축 통장을 갖게 된다. 지금까지의 이야기를 모두 종합하면 정말로 형편없는 삶처럼 느껴진다. 그렇지 않은가?

당신도 그렇게 느낀다면 이유는 그런 삶이 정말 형편없기 때문이다. 26살 때 내 순자산은 이미 8자리였다. 이미 180만 달러가 훨씬 넘는 돈이 있었다는 말이다. 나는 많은 사람이 평생에 걸쳐 이루는 일들을 단 2년 만에 해냈다. 이제 가진 돈을 적당히 굴리기만 해도 나는 자유롭다. 매우 수준 높은 삶의 질을 향유하면서도 죽을 때까지 수월하게 먹고 살 수 있다. 하지만 당신이 일생 동안 배워 온 것 때문에 내가 이룬 성취가 평범한 사람은 절대 이룰 수 없는 일로 보일 것이다. 또한 내 방식은 위험해서 따라 하다가는 자칫 지금보다 더 못한 삶을 살 수 있다고 믿을 것이다.

　우리는 평생 기업 활동, 일명 '빨리 부자 되기'가 부를 창출한다고 배웠다. 하지만 기업 활동은 라스베이거스에서 슬롯머신을 하는 것과 비슷하고, 무일푼 노숙자 신세로 전락할 수도 있기 때문에 그냥 천천히 부자 되기의 태도로 사는 게 낫다고도 배웠다. 여기에서 입증했다. 천천히 부자가 되려는 짓이야말로 자신의 현재와 미래를 걸고 도박을 하는 것이다. 그래서는 그저 그런 인생밖에 살지 못한다. 잘해야 평범한 삶이다.

확실하고 안전한
'빨리' 부자 되기

■■■■■■■■■■■■ 이번에는 빨리 부자 되기 방식을 재정적 관점과 삶의 질이라는 면에서 살펴보자. 당신이 정말 성공하고 싶다면, 지금부터 내 설명을 이해하고 믿어야 한다. 이야기를 시작하기 전에 당신이 꼭 이해했으면 하는 한 가지가 있다. '빨리 부자 되기'는 오직 하나의 이유로 위험성이 아주 낮은 방법이다. 바로 당신이 모든 것을 통제할 수 있다는 점이다. 지금은 이 말이 거슬리고, 잘못된 것 같고, 당신의 생각과는 정반대인 것처럼 느껴질 것이다. 무슨 말인지 차차 설명하겠다. 당신은 계속 읽기만 하면 된다.

당신의 생각과 지식, 당신이 하는 모든 일과 노력의 정도가 당신이 벌 돈의 액수를 직접적으로 통제한다. '빨리 부자 되기'는 운동이나 게임을 하는 것과 같다. 처음 시작했을 때는 당신의 실력이 형편없어 좌절할 것이다. 어쩌면 그만둘 수도 있다. 이것이 사람들이 '빨리 부자 되기'를 너무 어렵고 위험하다고 느끼는 이유다. 하지만 이는 사실이 아니다. 가파른 학습 곡선을 따르기 때문에 대개 처음에 실패할 가능성이 높을 뿐이다. 그러나 게임처럼 계속 하다 보면 결국 잘하게 된다. 어떤 일이든 1~2년 붙들고 노력하면 잘하게 된다. 기타, 게임, 코딩 등 무엇이든 모든 에너지를 쏟아 집중하면서 알맞은 방법으로 충분히 오랜 시간 공을 들여라. 그럼 결국 능숙한 수준에 이른다.

당신은 상위 0.01퍼센트의 선수가 돼야만 상당한 돈을 거머쥐는 스포츠를 하는 것이 아니다. 비즈니스에서는 실력이 있는 정도로도 상당한 수입을 올릴 수 있다. 주제에서 벗어난 이야기지만, '오직 1퍼센트의 비즈니스만 성공한다'는 말을 들어 봤을 것이다. 이는 그릇됐다. 진실은 사람들이 잘못 생각하거나 계획을 세워 사업을 시작했기 때문이다. 너무 어렵고 막막하다는 이유로 몇 달도 안 돼 대부분 사업을 접는다. 하지만 당신은 이 책에서 불안한 위험이 거의 없는 비즈니스를 시작하는 법을 알게 될 것이다. 때문에 그들보다 훨씬 유리한 위치에 설 수 있다.

한 번만 성공하면 된다. 바로 빨리 부자가 되는 것이 좋은 점이다. 10번 실패해도 11번째에 성공하면, 똑똑하게 재산을 관리한다는 전제하에 남은 인생을 부자로 살 수 있다. 제대로 한 번 성공하는 데 설령 15년이 걸려도, 30년을 벌면서 대부분을 저축하고 예상하지 못한

재앙이 닥치지 않기를 기도하는 '천천히 부자 되기' 쪽 사람들보다 훨씬 낫다.

빠르게 부자 되기, 위험할까?

여기에서 핵심은 세 가지다.

- 당신은 삶을 스스로 통제한다.
- 당신은 어떤 일이든 잘하게 될 수 있다.
- 당신은 실패해도 된다.

막 21살이 된 사람이 있다. 이 사람은 먹고 살기 위해 코스트코에서 일주일에 30시간 근무하는 일자리를 얻었다. 그리고 적은 생계비로 살 방법을 알아낸다. 돈만 잘 관리하면 한 달에 1,000달러 이하로 사는 것은 아주 쉽다. 당신이 젊고, 독신이고, 빚도 많지 않다면 말이다. 나는 사업을 키우던 시절에 한 달에 약 600달러로 방세와 식비, 그 밖의 모든 비용을 충당했다.

이 사람은 코스트코에서 일하며 저투자-고수익 사업을 키우기 위해 2년 동안 일주일에 40시간씩 쏟아부으며 노력했다. 그럼 일주일에 총 70시간을 일하는 셈이다. 이는 충분히 가능하다. 사업을 키우려면 이 정도 시간은 일해야 한다. 여기에서 이 사람을 부자로 만드는 데 큰 영향을 미치는 요소가 자신의 노력이라는 점이 중요하다. 노력은 자신이 100퍼센트 통제할 수 있다.

　2년 동안 그는 계속해서 실패했다. 하지만 어차피 입에 겨우 풀칠하는 처지기 때문에 실패해도 더 나빠질 것이 없었다. 그는 계속 다른 방식으로 다시 시도했다. 실패할 때마다 또 다른 실패 요인을 하나하나 알아 나가며, 시도할 때마다 크게 발전했다. 그렇게 점점 더 잘하게 되면 결국 어떤 식으로든 성공할 것이다. 그저 시간문제다. 당신도 계속 시도해도 성공하지 못하는 사람들을 알 것이다. 그들이 성공하지 못하는 이유는 중간에 포기하고 그만두기 때문이다. 당신은 성공하는 데 10년이 걸릴 수도 있지만 포기하지 않는 한 노력의 대가를 받을 것이다.

　2년 뒤, 이 사람은 아주 열심히 일해 엄청난 성과를 이뤘다. 6번째 시도한 사업에서 성공한 것이다. 한 달에 5,000달러를 벌게 되자 코스트코를 그만두고 하루 종일 자기 사업에만 집중할 수 있게 됐다. 이제 그는 일주일에 60시간을 오로지 자기 사업에만 투자했다. 그렇게 사업을 복제하고, 확장하고, 개선했다. 2년 만에 그는 사업으로만 한 달에 8만 달러 이상을 벌었다. 그는 이제 백만장자다. 가진 돈을 적절히 투자하면서 평생을 먹고 살 수 있다. 모두 4년 동안 열심히 일한 덕분이다.

　이 사람이 이 정도로 성공하기 위해 감수할 위험이 있었을까? 전혀 없었다. 원래대로 낮은 생활 수준을 계속 유지하기만 하면 됐다. 여러 번 실패해도 괜찮았던 이유는 저투자-고수익 사업을 시작했기 때문이다. 적은 투자로 높은 수익률을 내는 사업은 코딩, 디자인, 마케팅 서비스 등이 있다. 이런 사업을 하고 싶으면 그저 해당 기술을 익혀 고객에게 제공만 하면 된다. 크게 투자할 비용이 거의 없고 쉽다.

그래서 그가 처음 사업을 시작했을 때 실패할 확률은 높았지만, 실패해도 집을 잃거나 빚더미에 앉게 되는 것은 아니었다. 심각한 위기를 헤쳐 나가는 상황이 아니었기 때문에 차분히 노력해서 사업을 더 잘할 수 있게 됐다. 점차 성공 가능성을 높이며 성공을 당연하게 만들었다. 그리고 성공하자 천천히 부자가 되고자 했던 사람들이 떠안은 실제 위험도 감수하지 않고 훨씬 더 빨리 부자가 됐다.

단기적인 실패 가능성은 높아졌지만, 일생의 전반적인 위험은 어떻게 낮아졌는지 알겠는가? '천천히 부자 되기' 방식으로 사는 사람들처럼 스스로 통제할 수 없는 환경에 괴로워하지 않고 소득과 미래에 얻을 부를 오로지 자신의 행동으로 통제하게 됐는지 알겠는가? 이 이야기는 우리 스스로 통제할 수 있는 '안전한 위험'과 세상이라는 주사위가 통제하는 '불안한 위험'을 대조한다.

재정적 관점에서 봤을 때, 빠르게 부자 되기는 계획을 제대로 세우기만 하면 위험성이 아주 낮은 방법이다. 몇 년은 허리띠를 졸라매고 살아야 할 수 있지만 결국은 돈 걱정을 전혀 하지 않아도 되는 완전한 재정적 자유를 누릴 것이다. 이는 천천히 부자가 되겠다며 인생을 금전적으로 제한하며 사는 것보다 훨씬 낫다. 또 몇 년만 빠듯이 생활하면 되기 때문에 어느 연령대든 '빠르게 부자 되기' 방식으로 쉽게 갈아탈 수 있다. 예를 들어 온라인 사업을 시작하는 일은 비용이 적게 들고 감수해야 할 위험도 거의 없다. 딱 하나 어려운 점은 성공할 때까지 씀씀이를 줄여야 하지만, 그것도 잠깐이다.

나는 사람들이 이 모든 과정을 6개월 안에 해내는 것도 봤다. 또한 별 볼 일 없던 수백 명이 2년도 안 돼서 백만장자가 되는 것도 봤다. 내 말이 믿기지 않겠지만 정말 가능하다. 놀랍게도 당신이 생각하는 것처럼 드문 일이 아니다.

내 인생의
71퍼센트를 위해

▪▪▪▪▪▪▪▪▪▪▪▪▪ 삶의 질에서 '빠르게 부자 되기'를 분석해 보
자. 여기에서 '천천히 부자 되기'의 진짜 문제점이 나타난다. 천천히
부자가 되려면 남은 젊은 시절 내내 주어진 시간의 71퍼센트를 일터
에 할애해야 한다. 당신이 돈에 어떤 시각을 갖고 있든, 천천히 부자
가 되려는 계획이라면 가장 큰 희생양은 당신의 시간이다. 가장 여행
하고 싶고, 가족과 시간을 보내고, 꿈을 좇고, 값지게 살고 싶은 시기
는 정년 전이다. 그러나 가혹한 진실은 충분히 돈을 모은 은퇴 무렵이
되면 대부분의 꿈을 이루기에는 너무 늦어 버린다는 것이다. 더 큰 문
제는 내가 앞서 언급한 심각한 경제적 문제라도 생기면 은퇴하지 못
할 수 있다. 심지어 일흔까지 못 살 수도 있고, 은퇴하고 일주일 뒤에
바로 죽을 수도 있다! 왜 지금 당장 할 수 있는 즐거운 일들을 당신이

살지 못할 수도 있는 나이까지 전부 미뤄 두는가?

나는 인생 최고의 시절을 71퍼센트나 잃는다는 것을 생각하기조차 싫다. 무엇보다 최악은 최고의 시절을 포기해도 그 터널 끝에 황금 같은 보상이 기다리지 않는다는 것이다. 그럼 당신은 결국 현재의 분수에 맞게 살아야 하는 인생에서 절대 벗어날 수 없다. 인생은 각종 청구서를 걱정하고 한 푼이라도 아끼는 일의 연속일 것이다. 그리고 세 가지 영역에서 자유로울 수 없다. 바로 사치, 스트레스, 선택권이다.

사치에 구속된다

당신이 천천히 부자 되기로 승부를 보려 하면, 그 즉시 물질적인 사치를 반납해야 한다. 드림카를 사는 것, 세계 여행을 하는 것, 스트레스 안 받고 값비싼 레스토랑에서 외식을 하는 것, 사람들 대다수가 꿈꾸는 사치스러운 삶을 누리는 것도 포기해야 한다. 당신이 어떤 사람인지는 잘 모르지만, 나는 인생이 주는 모든 놀라움을 경험하면서 살고 싶다. 당신도 페라리나 섬까지는 아니어도 꿈꾸는 값비싼 것이 있을 것이다. 자녀를 모두 학비가 비싼 대학에 보내고 싶을 수도, 부모님의 집 대출금을 대신 갚아드리고 싶을 수도, 아픈 사촌을 위해 병원비를 대신 내 주고 싶을 수도 있을 것이다. 그러나 당신이 천천히 부자 되기로 승부를 보려 한다면, 이 모두 그저 꿈에 머물 것이다. 또한 가장 열망하는 사치는 현실이 될 수 없을 것이다. 물론 꽤 괜찮은 차를 구입하고 빚 없이 살 수도 있다. 하지만 결국 실현되지 않을 일을 날마다 꿈꾸며 산다면 삶에 만족한다고 할 수 있을까?

스트레스에 잡혀 산다

돈으로는 거의 뭐든지 살 수 있다. 돈이 값진 이유는 재정적 스트레스에서 해방되기 때문이다. 나는 겨우 한 달 소득의 40분의 1만 쓴다. 나머지 매달 몇 년은 먹고 살 돈은 저축한다. 그러고도 멋진 장난감이 있고, 모험 같은 흥미진진한 인생을 산다. 재정적 스트레스는 전혀 받지 않는다. 나는 외식을 하면 뭐든지 주문한다. 영수증도 거의 보지 않고, 걱정은 절대로 하지 않는다. 그리고 보다 중요한 점은 아침에 일어났을 때 지출이 아닌 내 인생에 집중한다는 것이다. 나는 돈을 똑똑하게만 관리하면 평생 돈 걱정할 필요 없이 살 수 있다.

반면 천천히 부자가 되려는 사람들은 재정적 자유를 전혀 누리지 못한다. 외식 때 줄 팁에 인색하고, 전화 요금이 25달러 더 나왔다고 불같이 화내고, 대출에 의지해 살고, 신용 등급 때문에 스트레스받는다. 실수로 하루 종일 에어컨을 틀어 놓거나 불을 켜 놓았다고 기분이

상해서는 안 된다. 나는 몇 달 동안 전기 요금 고지서를 쳐다보지도 않았다. 앞으로도 그럴 생각이다. 그런 요금들이 나의 정신 건강에 영향을 미칠 문제도 아니다. 당신이 어떤 사람이든 돈 때문에 스트레스를 받으며 산다면 삶의 질이 현저히 떨어진다.

선택할 수 없다

무엇보다 중요한 것은 선택권과 개인의 자유다. 지금 나에게는 선택권이 아주 많다. 나는 이 책을 쓸 수도, 안 쓸 수도 있다. 내일 일어나서 하루 종일 일할 수도, 게임할 수도 있다. 바로 한 시간 뒤에 스페인행 비행기에 있을 수도, 한 달 동안 아무 데도 안 가고 집에만 있을 수도 있다. 몇 주 동안 핸드폰을 꺼 놓고 온 세상을 무시하는 것도 가능하다. 어떻게 이럴 수 있을까? 내게는 재정적 자유가 있고, 덕분에 어떻게 살지를 스스로 선택할 수 있기 때문이다. 나는 무엇을 언제 하고 싶은지를 선택할 수 있다.

천천히 부자 되기로 승부를 보려면 선택권은 그 즉시 제한된다. 당신은 허락될 때만 휴가를 떠나고, 정해진 시간에 일어나 직장으로 출근해 일해야 한다. 아무 때나 일주일 휴가를 내고 가족과 자동차 여행을 떠날 수 없다. 당신은 마음대로 선택하지 못한다. 선택을 통제하는 것은 당신의 사장, 직장, 책무들이다. 무엇보다 최악인 점은 오직 돈을 기준으로 결정을 내려야 한다.

나는 요즘 유튜브 채널에 공들이고 있다. 돈 때문에 하는 일이 아니다. 행복하기 때문에 하기로 했다. 사업 운영도 마찬가지로 나를 행복하게 한다. 그 일들을 모두 마치면 여자 친구와 시간을 보내거나 하키 게임을 몇 시간씩 볼 수 있다. 돈은 매일, 매주, 매년 일어나는 내의사 결정에 영향을 미치는 유일한 요소가 아니다.

삶의 질이 높다는 말은 자신의 생각과 행동에 만족하고 행복하다는 뜻이다. 당신이 돈을 최우선으로 고려해 결정해야 한다면, 스스로 행복하게 만드는 일은 거의 선택할 수 없을 것이다. 그럼 삶의 질이 급격히 떨어질 수밖에 없다.

부자! 천천히 될 텐가, 빠르게 될 텐가?

'천천히 부자 되기' 방식으로 살면, 당신은 이럴 가능성이 높다.

- 재정적 어려움에 빠질 가능성이 높다.
- 미래의 재정에 대한 통제권을 포기한다.
- 젊은 시절의 71퍼센트를 일이 독점한다.

- 꿈꾸던 인생을 살 수 있는 기회를 잃는다.
- 평생 재정적 스트레스를 받는다.
- 돈과 시간이 없어서 당신이 원하는 선택을 할 수 없다.

이 모든 것이 다 근근이, 혹은 편하게 살아 낸 삶의 대가다. 원하는 일들을 하기에는 너무 늦어 버린 때에야 찾아오는 그 대단한 보상 때문이라는 것이다.

반대로 '빨리 부자 되기' 방식으로 살면, 당신은 이렇게 된다.

- 미래의 재정에 통제권을 갖게 된다.
- 원하는 일을 하는 데 시간을 쓴다.
- 당신이 원하는 사치품을 모두 가질 수 있다.
- 재정적 스트레스에서 벗어날 수 있다.
- 행복을 기준으로 당신이 원하는 선택을 할 수 있다.

성공한 사람들의 마음 깊은 곳에는 모두 '천천히 부자 되기' 사고 방식에 대한 절대적 혐오가 자리 잡고 있다. 자수성가한 부자들은 가장 위험성이 낮은 도박이 스스로에게 거는 내기라는 것을 잘 안다. 자신이 결과를 통제할 수 있기 때문이다. 여기에서 한 이야기들을 이해하고 수용하라. 그렇지 않으면 당신이 원하는 수준의 성공을 하기가 어려워진다. 수많은 사업가에게는 극도로 빈곤한 시기가 있다. 그들이 차고에서 일을 시작하고, 기숙사 바닥에서 자고, 여러 차례 파산을 겪는 등 고난을 견디는 이유는 이 개념을 이해하고 있기 때문이다. 스스로 결과를 통제할 때 가난은 잠깐이다. 그 사업가들은 빨리 부자가 돼 남은 인생을 낙원에서 보내기 위해 몇 년 동안 자신의 사업에 몰두하며 반쪽짜리 편안함을 포기한다.

사업가들은 돈 버는 일을 포함해 무엇이든 열심히 노력할수록 더 큰 성과를 얻을 수 있음을 잘 안다. 실패 몇 차례는 흔하다. 당신이 그런 실패에서 배우고, 이전의 시도에서 왜 성공하지 못했는지 이유를 알아내면, 결국 원하는 목표를 달성할 것이다. 단 한 번만 목표를 달성하라. 평생을 부자로 살 수 있다.

부자는
돈과 시간을 분리한다

항상 정답은 아닌 말
'시간은 돈이다'

■■■■■■■■■■■■ '시간은 돈이다'라는 말을 들어 봤을 것이다. 〈더 울프 오브 월 스트리트〉는 1990년대의 유명한 월 스트리트 거물이었던 조던 벨포트를 다룬 영화다. 그는 사람들에게 사기를 쳐서 순식간에 억만장자가 됐다. 조던은 27살 무렵부터 한 해 5천만 달러 이상을 벌게 된다. 현재 물가로 따지면 1억 달러 이상을 번 것이다. 조던은 돈을 버는 방법, 그것도 빠르게 버는 방법을 알고 있었다.

당신이 이 영화를 봤다면 조던이 거의 모든 시간을 마약에 빠져 파티를 즐기며 보낸 것을 기억할 것이다. 그는 마약에 취해 있는 것이 일상이라 자신이 어느 별에 있는지조차 몰랐다. 하지만 매년 이윤으로만 1억 달러 상당을 벌었다.

'시간은 돈이다'라는 말을 이 상황에도 적용할 수 있을까? 그렇지 않다. 왜냐하면 이 말이 항상 사실은 아니기 때문이다. 이 말이 절대 명제라면 조던은 곧 가난을 면치 못하거나 애초에 부자가 되지 못했을 것이다.

조던은 자기의 시간을 투자해 엄청난 재산을 모은 것이 아니었다. 돈은 그가 수백 명으로 꾸린 영업 팀과 증권 중개인 군단이 벌었다. 그들은 조던이 라스베이거스에서 만취해 쓰러져 있을 때도, 2천5백만 달러짜리 요트를 침몰시켰을 때도 그를 위해 수백만 달러를 벌고 있었다. 조던이 무엇을 하고 있든 상관없이 그 사람들은 그를 위해 수백만 달러를 벌었다.

조던은 어떻게 이 모든 일을 가능하게 만들었을까? 그는 기본적으로 헐값인 투기성 저가주를 팔기 위해 성공할 수밖에 없는 세일즈 피치(sales pitch)를 만들어 냈다. 세일즈 피치란 제품과 서비스를 소개하며 구매를 권유하는 멘트다. 그 다음 함께 일하는 증권 중개인들에게 그 멘트들을 암기하게 했다. 자기 자신을 수백 명으로 복제한 것이다. 그럼 명단에 있는 부자들에게 전화를 걸어 하루에도 수천 번씩 그 세일즈 피치를 읊고 구입을 독려할 수 있었다.

이 시점에서 조던의 시간은 부의 방정식에서 더 이상 어떤 역할도 하지 않았다. 조던이 시간을 어떻게 보내든 상관없이 알아서 작동하고 돈을 버는 '머니 머신(money machine)' 시스템이 구축됐기 때문이다. 조던의 부는 그가 얼마나 머니 머신을 잘 다루고 사업 결정을 하는지에만 달려 있었다. 의사 결정을 단 한 번만 내려도 머니 머신이 그 결정을 이행했기 때문에 수백만 달러를 벌 수 있었다. 하지만 조던은 결정을 형편없이 하는 바람에 순 자산이 마이너스 1억 달러인 상태로 투옥됐다. 그는 약에 취해 완전히 옴짝달싹 못하는 상태에서도 그렇게 손실을 초래했다. 돈을 버는 데 자신의 시간을 완전히 분리했던 것이 틀림없다.

조던은 돈 버는 책략을 세우는 데 천재적 재능을 발휘했다. 하지만 곧 돈에 눈이 멀고 자만심에 사로잡혔다. 그래서 인생에 통째로 영향을 끼치는 형편없는 결정을 내렸다. 영화를 보면 책략을 세울 때를 제외하고는 조던이 내린 모든 결정이 잘못됐음을 알 것이다. 그가 몸을 좀 사리며 살았다면 자신이 저지른 완전한 사기극을 덜미 잡히지 않을 수도 있었다. 조던은 계속 형편없이 의사 결정을 했고 아무 생각 없이 행동으로 옮겼다.

이 영화는 결정을 형편없이 내리는 사람일지라도 돈을 버는 방법만 제대로 이해하면 엄청난 부자가 될 수 있음을 입증한다. 조던은 사기꾼에 마약 중독자였다. 하지만 그런 조건이 문제가 되지 않을 만큼 조던은 부의 속성을 아주 잘 이해하고 있었다. 자신의 시간과 돈 버는 일을 분리하는 방법을 알았던 것이다. 그 덕분에 아주 빠르게 부자가 됐다.

나는 오늘날의 조던에게 존경을 표한다. 그는 앞서 이야기한 대로 한때 형편없는 선택을 했다. 하지만 완전히 새사람이 됐고 그의 판매 훈련 기술은 오늘날 시장에서 단연 최고다.

인생을 X달러로
계산하는 방법

부자가 되는 두 번째 비결은 부의 방정식에서 시간이라는 요소를 제거하는 것이다. 당신이 하루 동안 한정된 양밖에 가질 수 없는 유일한 것이 있다. 바로 시간이다. 도널드 트럼프나 노숙자나 매일 쓸 수 있는 시간은 똑같다. 당신이 어떤 사람이든 상관없다. 먹고, 자고, 일하고, 운동하고, 새로운 기술을 습득하고, 가족과 시간을 보내고, 도로에 갇혀 있고, 넷플릭스에서 영화나 드라마를 몰아 보고, 걱정하고, 미루고, 목표를 향해 노력할 수 있도록 매일 주어지는 시간은 24시간뿐이다. 한 사람이 할 수 있는 일의 양에는 한계가 있다. 결과적으로 벌 수 있는 돈에도 한계가 있다.

인생을 X달러로 계산하는 방법은 변호사와 프로 운동선수가 살아가는 방식이다. 트래픽 파이터들도 정도는 덜하지만 이와 크게 다르지 않다. 이런 사람들은 시간당 또는 프로젝트당 돈을 받는다. 르브론 제임스는 아주 재능 있는 농구 선수여서 그의 1분은 수천 달러의 가치가 있다. 그러나 결국 르브론에게도 다른 사람들과 똑같은 양의 시간이 주어진다. 아무리 엄청난 돈을 벌 수 있어도 그의 수입에는 한계가 있다.

먼저 당신의 시간이 엄청난 금전적 가치가 있으려면, 일을 놀라울 정도로 잘해야 한다. 설사 당신이 알아주는 페인트공이라도, 또는 유명한 회계사라도 당신의 시간이 얼마나 가치 있는지는 다른 사람들이 판단한다. 엄청나게 재능이 있고 똑똑해야 한다. 하지만 그러기가 어렵다. 사람들은 대부분 엄청난 재능을 타고나지도 않고 아이큐도 평균이다. 그러니까 우리는 유전적인 면에서 태어났을 때 이미 탈락이다. 당신의 시간이 르브론 선수의 시간만큼 가치 있을 정도로 유명해지거나 어떤 일을 아주 뛰어나게 잘할 확률은 희박하다. 불가능하지는 않지만 아주 어렵고 좀처럼 일어나지 않는 일이다. 그러나 이것이 우리가 배운 사고방식이다.

1시간 노동은 X달러에 상응하고 1년 노동은 X달러에 상응한다. 그러므로 당신의 인생은 X달러와 같다.

두 번째는 당신의 시간을 가치 있게 여기는 사람이 있어야 한다. 사람들이 갑자기 농구를 보지 않는다면, 르브론의 고용주는 그의 시간을 쓸모없게 여기고 더 이상 1년에 수백만 달러씩 지급하지 않을 것이다. 사장이 당신의 1년을 6만 달러 이상의 가치가 있다고 생각하지 않으면 그만큼 돈을 지급하지 않을 것이다. 당신이 프리랜서나 사업주라서 스스로 소득 수준을 결정해도 마찬가지다. 누군가 당신의 서비스가 너무 비싸다며 선택하지 않으면 결국 다른 사람들이 당신의 시간 가치를 결정하는 것이다. 당신의 소득은 일반적으로 다른 누군가가 통제한다. 이 책을 읽으면서 '통제'가 빨리 부자 되기에 중요한 개념 중 하나라는 것을 알았을 것이다.

우리에게 시간이 무제한 주어져서 사람들에게 상품이나 서비스를 충분히 팔 수 있다면 앞서 말한 두 가지는 문제되지 않는다. 현실은 반대다. 사람들은 대부분 평범하다. 때문에 시간의 가치가 그렇게 크지도 않다. 즉 평범한 사람들은 제한된 시간과 그 낮은 가치 때문에 최고치의 소득 또한 낮을 수밖에 없다. 게다가 우리가 무슨 일을 하든 시간을 더 많이 만들어 낼 수도 없다. 때문에 원하는 대로 소득을 늘릴 수는 없다. 그럼에도 불구하고 시간을 돈이라 생각하는가? 그렇다면 빠르게 부자 되기는 몹시 어려울 것이다. 다행히 우리는 다른 선택을 할 수 있다.

시간 들여서 돈 벌지 마라

조던 벨포트의 세일즈 피치는 의심할 여지없이 천재적이다. 하지만 만일 그가 사업을 확장하지 않았다면, 그 세일즈 피치를 함께 일하는 사람들에게 전파하지 않았다면, 과연 지금 우리가 이렇게 그의 천재성을 논할 수 있었을까? 조던이 혼자서 사업을 했다면 아주 놀라운 세일즈 피치로도 그렇게 부자가 되지는 못했을 것이다. 조던이 혼자서 하루 동안 할 수 있는 통화와 관리할 수 있는 고객 수는 한계가 있기 때문이다.

조던이 그렇게 빨리 부를 축적할 수 있던 이유는 우선 소득에서 시간을 분리했기 때문이다. 그는 전적으로 시간에만 매달려 돈을 벌지 않았다. 만일 그가 혼자서 모든 일을 다 했다면 한 달에 7만 달러 정도는 벌었을 것이다. 이 액수는 조던이 세일즈 피치를 수백 명에게 전수해 자신을 수백 명으로 복제해 내는 방향으로 사업 모델을 바꿨을 무렵 한 달 수입이 수백만 달러로 빠르게 불어났다.

부자가 되고 싶을 때 우리가 올라야 할 첫 번째 단계는 소득에서 시간을 분리할 수 있는 사업을 시작하는 것이다. 많은 사람처럼 시간의 가치를 높이려고 노력하는 대신 조던처럼 시간과 상관없이 수입을 창출할 '머니 머신'을 만드는 일에 시간을 투자해야 한다. 당신과 달리 머니 머신은 직원과 기술에 의해 움직이기 때문에 무제한을 일하고, 업무를 무제한 처리할 수 있다. 조던과 같은 머니 머신만 있으면 우리는 잠을 자면서도, 휴가를 보내면서도, 데이트를 하면서도 돈을 벌 수 있다.

이처럼 시간은 일하는 데 쓰기보다 우리 대신 일해 줄 시스템을 구축하는 데 써야 한다. 이를 '수동적 소득(passive income)'이라고 한다. 머니 머신을 구축해 소득에서 우리의 시간을 완전히 분리했을 때 창출되는 소득을 말한다. 당신이 콘서트에 가서 술을 진탕 마시고 필름이 끊겼을 때조차 돈을 번다는 의미다. 정말 멋지지 않은가?

내가 하는 사업은 소프트웨어에 기반을 둔다. 사람들을 내 웹 사이트로 유인하는 광고, 웹 사이트 자체, 판매와 결제 과정, 실제 소프트웨어 모두 내가 없어도 저절로 운영된다. 이 시스템의 각 구성 요소를 구축하는 데에는 상당한 시간이 걸렸다. 하지만 일단 구축해 놓으니 그때부터 시스템을 유지하는 데는 거의 시간이 걸리지 않는다. 백 개를 팔든, 백만 개를 팔든 내가 들이는 시간에는 차이가 없다. 나는 상품을 무제한으로 팔 수 있고, 수입도 무제한으로 올릴 수 있다. 내가 사업을 하면서 모든 고객을 일일이 상대했다면, 절대로 지금같이 많은 부를 쌓지 못했을 것이다. 내 한정된 시간에서 챙길 수 있는 손님의 수는 한계가 있고, 결국 내 수입도 한정될 것이기 때문이다. 하지만 나는 그렇지 않다. 내 시간에 무엇을 하든 상관없이 사람들은 계속 내 소프트웨어를 살 것이다.

내 수입을 제한하는 것은 유일하다. 상품을 시장에 판매하는 실력뿐이다. 내가 할 일은 시스템, 즉 머니 머신이 반드시 완벽하게 작동할 수 있도록 만드는 것이다. 그 머니 머신으로 시장에서 가능한 최고 수입을 올린 후에는 다른 시장에 쓰일 다른 머니 머신을 만들 수 있다. 한마디로 내가 얼마나 돈을 많이 벌지, 얼마나 크고 빠르게 사업을 확장할지 한계가 없다. 이는 엄청난 돈에 사업을 매각할 수도 있다는 의미다.

시간
분리 방법

처음 사업을 시작했을 때, 당신의 시간이 가지는 가치는 매우 낮을 것이다. 분야에서 인정받는 전문가가 아니라면 더욱 그렇다. 당신이 더 많은 돈을 벌게 됐을 때는, 당신이 갖춘 전문 지식 덕분에 시간의 가치도 오를 것이다. 일단은 당신의 수입이 형편없다고 치자. 당신은 직장이 없으며, 변변찮아서 인정도 못 받아 시간의 가치가 아주 낮다. 그럼 당신은 가능한 빨리 효과적인 프로세스를 알아내야 한다. 그리고 자신을 복제해 당신이 직접 일을 하든 안 하든 그 프로세스가 계속 반복되도록 해야 한다. 조던 벨포트와 내가 한 것처럼 말이다.

자기 복제, 머니 머신 구축은 많은 것을 의미한다. 머니 머신은 단순히 자동 배송 시스템 같은 웹 사이트가 될 수 있다. 참고로 웹 사이트 구축 비용은 아주 저렴하다. 업무를 똑같이 해 줄 판매원이나 직원 고용이 될 수도 있다. 수입에서 시간 요소를 분리하는 일은 하나의 과업이 아니기 때문에 하나의 목표로도 볼 수 없다.

수입에서 시간을 분리할 때 당신의 첫 번째 목표는 효과가 있는 프로세스를 찾는 것이다. 예컨대 부동산을 팔 때 제일 먼저 할 일은 효과적인 판매 프로세스를 구축하는 일이다. 프로세스를 마련한 뒤에는 일하는 시간과 상관없이 돈을 벌도록 최대한 사업을 자동화해 소득에서 시간을 분리할 방법을 찾아야 한다.

예를 들어 고객과의 약속을 관리하는 웹 사이트를 개설할 수도 있고, 고객을 끌어들이는 광고를 게재하거나, 대신 부동산을 팔아 줄 사람들을 고용할 수도 있다. 이 단순한 시스템들이 얼마나 간단하게 당신의 시간을 소득에서 분리하는지 확인할 수 있을 것이다. 이 시점에서 당신이 직원을 4명 더 고용해 당신을 4배로만 복제해도 손가락 하나 까닥하지 않고 적어도 수입을 4배로 늘릴 수 있다. 또는 당신이 인터넷 마케팅에 뛰어들어 다른 사람의 상품을 홍보하는 광고를 한다고 하자. 상품 하나를 판매할 때마다 수수료 50퍼센트를 받는다. 이 방식은 한 사람이 관리할 수 있는 광고의 수에 한계가 있기 때문에 결국 수입도 한정된다. 그러나 광고 프로세스를 복제해 다른 시장에서 똑같이 이행할 직원을 고용하면 어떨까? 직원을 추가로 고용할 때마다 당신은 수입을 두세 배로 늘릴 수 있다. 이제 당신은 돈을 버는 첫번째 프로세스를 구축했다. 그 프로세스를 복제하고 자동화해 당신은 소득에서 시간을 분리했다.

이해했는가? 좋다. 그럼 이제는 말만 하지 말고, 이 방식을 당신의 삶에서 당장 행동으로 옮길 수 있는 실천 가능한 단계들을 알아보자. 내가 싫어하는 것이 뭔지 아는가? 비즈니스 관련 도서에서 가르쳐 줄 수 있는 게 아이디어뿐이라는 것을 알았을 때다. 아이디어나 사고방식이 실용적이려면 그것을 어떻게 실행하고 성취할 수 있는지 실제로 적용할 단계들도 설명해야 한다. 그래서 이 책에는 당신이 비즈니스 세계에 입문한 사람이든 이미 잘 나가는 회사를 소유한 사람이든 상관없이 내 아이디어를 실행하기 위해 밟아야 할 단계를 함께 소개할 것이다.

초보자를 위한 소득에서 시간 분리하는 법

비즈니스 세계에 처음 입문했나? 당신은 사업을 하면 실제로 일을 안 하고도 돈을 벌겠다고 생각할 수 있다. 이 경우 좋은 점은 애초에 사업 계획 단계서부터 그런 생각을 반영해 처음부터 일을 안 하고도 돈을 벌어 볼 수 있다. 사업을 시작할 때 가장 먼저 할 일은 어떤 종류의 사업을 시작할지 결정하는 것이다. 사업 아이디어가 없어도 걱정할 필요는 없다. 그 문제는 앞으로 이 책을 더 읽어 나가면서 해결할 수 있다. 이것만 반드시 기억하라. 당신이 시작하는 모든 사업에서 일하지 않고도 돈을 벌 수 있다는 사실을!

당신이 창업을 고려 중이라면, 다음 질문들을 스스로에게 던져라.

- 내가 일하지 않을 때도 사업은 계속 수익을 창출할 수 있을까?
- 수익창출 프로세스는 다른 사람들이 대신해서 혹은 머니 머신이 자동으로 이행할 수 있나?
- 만일 이 사업이 성공하면, 다른 누군가를 훈련시켜 이 사업을 운영하게 만들 수 있는가?
- 매출 100만 달러도 100달러와 똑같이 처리할 프로세스가 있나?
- 시간을 더 투자하지 않고도 사업 확장이 가능한가?

고려 중인 사업이 이 질문에서 모두 '예스!'라면, 당신은 대박 날 사업을 발견한 것일 수 있다. 그렇지 않으면 장기적으로 바라볼 사업은 아니다. 이 조건들을 만족하지 못하는 사업을 하면, 돈이야 벌겠지만 시간을 훨씬 많이 투자해야 하기 때문에 삶의 질이 떨어진다. 그러다가 정작 이 조건에 맞는 다른 사업을 할 시간이 없어져서, 짧은 시간에 더 많은 돈을 벌 기회를 잃게 되는 것이다.

앞으로는 사업 아이디어가 생기면 이 질문들에 빨리 대입해 보라. 그리고 질문들을 통과하는 사업을 구축할 방법이 있는지 따져 보라. 시간에 의존하는 사업이라도 다른 방식으로 조정하면 시간을 투자할 필요가 없는 타임 프리(time-free) 사업으로 바뀔 여지가 있다. 그러므로 사업 아이디어가 떠오르면 철저하게 생각하고 따져야 한다.

명심하라. 처음부터 시간을 들이지 않아도 되는 사업은 없다. 타임 프리 사업 대부분은 시작 단계에서 오히려 시간을 요하는 사업보다 훨씬 더 집약적으로 일해야 한다. 이 문제의 해법은 항상 시간에 자유로울 사업으로 나아갈 사업을 시작하는 것이다. 앞서 언급한 질문들이 당신이 그런 사업을 시작할 수 있도록 이끌 것이다.

베테랑을 위한 소득에서 시간 분리하는 법

사업으로 1년에 수십만 달러를 벌어도, 그 사업을 유지하느라 일주일에 60시간 이상을 투자하는 사업가가 셀 수 없다. 이들은 사업을 확장하지 못하고, 수백만 달러를 벌지 못하며, 자신의 삶에서 선택권도 가질 수 없게 된다. 이 사람들은 사업체를 소유하는 동안 자신의 사업과 거기에서 나오는 돈의 노예로 살아간다. 사업이 알아서 굴러가는 순간은 없다. 이는 심각한 문제다. 진짜 부자가 되고 삶의 질을 높이려면 소득에서 시간을 분리하는 일이 필수적이기 때문이다.

예를 들어 내 친구는 마케팅 사업으로 한 달에 20만 달러의 수입을 올렸다. 하지만 혼자 사업을 운영했기 때문에 상당한 시간을 쏟아야 했다. 게다가 돈을 더 벌 수도 없었다. 이미 자신의 시간을 최대한 쓰고 있었기 때문이다. 돈을 벌 동안 그는 시간에서 자유롭지 못했다.

투자하는 시간에 사업 결과가 달려 있었기 때문이다. 그는 일하느라 번 돈을 쓰고 즐길 시간조차 내지 못했다.

이런 일은 아주 흔하다. 변호사, 의사, 물리치료사, 마케팅 서비스 사업자, 개인 헬스 트레이너 등 그 밖의 여러 직업군에서 이를 확인할 수 있다. 이들이 그 악순환에서 빠져나오지 못하는 주된 이유는 업무를 자동화하거나 일의 주도권을 다른 사람에게 넘기는 법을 모르기 때문이다. 혹은 다른 사람들을 고용해 자기 수입의 일부를 떼 주고 싶지 않기 때문이다. 친구든 남이든 이런 상황에 처한 사람들에게 내가 똑같이 해 주는 짧은 이야기가 있다.

조와 닉이라는 마케팅 전문가 두 명이 있었다. 둘 다 한 달에 10만 달러를 벌었고, 20만 달러를 벌고 싶어 했다.

조: 혼자 모든 일을 처리한다. 직원을 고용하기는 싫다. 그는 하루에 12시간을 일하는데 그 점을 자랑스럽게 여긴다. 하지만 사업을 관리하는 데에만 하루에 12시간씩 쓰기 때문에 몇 가지 문제가 생긴다.

문제 1: 디자인, 지원, 코딩 등의 업무에도 시간을 투자해야 하기 때문에 사업을 키우는 데 온전히 집중할 시간이 부족하다.
문제 2: 조는 시간을 쪼개서 다섯 가지 영역의 일을 처리한다. 그래서 각각 최선의 결과가 나오지 않았다.

닉: 한 달 소득 10만 달러에서 인건비로 3만 달러를 떼 개발자에게 1만 달러, 디자이너에게 5천 달러, 사업 지원팀에게 5천 달러, 콘텐츠 제작자에게 1만 달러를 주고 고용했다.

효과 1: 닉은 월요일 아침마다 팀 구성원과 둘러앉아 각자 무슨 일을 해야 하는지 정확히 파악할 수 있도록 이야기한다. 이는 매일 직원들에게 총 40시간 이상의 능률을 이끌어낸다.

효과 2: 닉의 사업에서 모든 영역은 해당 분야 전문가가 그 분야에만 집중해서 처리한다. 때문에 결과가 훨씬 뛰어나다.

효과 3: 닉은 사업을 어떻게 개선하고 키울지 생각하는 데 시간을 투자할 수 있었다. 하루 업무 시간 중 8시간은 사업을 발전시키는 데 집중할 수 있었다.

월말에 보니 주말에도 쉬지 않고 일한 조는 하루에 12시간씩 한 달 동안 360시간을 사업에 투자했다. 그중 절반의 시간은 단순히 사업을 관리하는 데 들어갔다. 반면 주말에는 일을 쉰 닉과 직원들은 각자의 전문 분야에서 일하며 한 달 동안 총 1,200시간을 사업에 투자할 수 있었다. 단순히 산술적으로만 따져 봐도, 닉이 사업에 투입한 시간이 더 많기 때문에 그의 사업은 성장하게 된다. 뿐만 아니라 사업에 닉이 투자한 시간은 조처럼 제한적이지도 않다.

닉은 사업이 성장하는 동안 수익의 최소 30퍼센트를 직원을 고용하는 데 사용했다. 그래서 2년 만에 한 달 소득이 100만 달러가 됐다.

직원들의 임금을 인상했고, 인력을 더 고용하고도 한 달에 최소 70만 달러를 자기 소득으로 챙겼다. 모두 표준 근로 시간만큼만 일하면서 거둔 성과다. 그 후 닉은 5천만 달러에 사업을 매각하고 은퇴했다. 사업이 성공적으로 운영되는 데 닉의 시간이 필요한 것이 아니었기 때문에 사업은 쉽게 매각됐다.

반면 조는 한 달에 20만 달러의 수익을 올리는 수준까지는 사업을 키웠다. 하지만 자신의 모든 시간을 사업 관리에만 쏟게 되는 시점에 이르자 사업은 정체에 빠졌다. 예상하건대 이후에는 다음 중 한 가지가 일어날 것이다.

예상 1: 조는 평생 하루에 12시간 일한다. 조의 사업은 조의 시간에 기반을 두기 때문에 매각할 수 없다.

예상 2: 조보다 훨씬 발 빠른 경쟁자가 나타나 더 우수한 상품을 내놓는다. 조는 사업을 유지할 수 없게 되고 결국 문을 닫는다.

예상 3: 조는 몇 주 동안 휴식한다. 다시 일터로 복귀했을 때 사업은 조의 부재로 손실을 보고 있다. 어느 날 그는 완전히 지쳐서 조금 길게 휴가를 떠났는데 그동안 시장에 변화가 생겨 사업이 완전히 망한다.

당신의 시간을
되찾아라

■■■■■■■■■■■■ 당신은 반드시 깨달아야 한다. 거의 모든 경우가 그렇다. 사업주로서 소득의 상당 부분을 사업 성장을 위해 현명하게 투자하는 것이 결국 이익을 높일 것이다. 1년에 수익 1천만 달러를 올리며 수천만 달러에 매각될 수 있는 사업체에서 30퍼센트의 이익을 챙기는 것이, 1년에 수익이 20만 달러에서 정체돼 있고 매각할 수도 없는 사업체에서 이익 100퍼센트를 챙기는 것보다 훨씬 낫다.

반드시 자신의 사업을 잘 살펴보고 스스로 다음 질문들을 던져 보라. 이 질문들은 사업 초보자가 고려해야 할 질문들과 유사하지만 이미 사업체를 소유하고 있는 사람들에게도 알맞은 질문이다.

● 내 사업의 어떤 영역이 직원이나 기술로 자동화될 수 있나?

- 다른 사람이 나를 위해 일하고 내 시간 대신 그들의 시간을 팔게 할 방법이 있나?
- 사업을 키우기 위해 필요한 기술 중 나에게 부족한 것은 무엇이고, 새 직원들이 갖춰야 할 기술은 무엇인가?

이 질문들을 자영업에 적용한 사례가 있다.

사례 A

명성이 자자한 척추 지압사가 있다. 그는 일주일에 60시간을 일하며 1년에 수입 20만 달러를 유지하고 있다. 이 지압사는 척추 지압 클리닉을 개업했다. 그리고 다른 척추 지압사들을 고용해 자신과 똑같이 일할 수 있도록 직접 훈련시켜 자신의 서비스를 자동화했다. 그 후 브랜드 이름을 걸고 클리닉을 몇 개 더 개업했다. 마지막으로 더 많은 고객을 유치하기 위한 업무를 맡을 광고 책임자를 고용했다.

척추 지압사는 현재 클리닉 5개를 소유했다. 각 클리닉에서는 지압사 3명이 매년 이윤을 10만 달러씩 창출한다. 그는 현재 단 한 명도 치료하지 않아도 1년에 150만 달러를 번다.

사례 B

유명한 햄버거 요리사가 있다. 그는 자신의 레스토랑에서 일주일에 80시간을 일하며 1년에 20만 달러의 이윤을 꾸준히 내고 있다. 그에게는 아주 훌륭한 레시피가 있다. 그는 자신의 브랜드를 팔아 체인

점을 열기로 결심했다. 그래서 온라인 자동 배달 시스템도 이용해 모든 체인점의 판매 업무를 자동화했다. 각 체인점은 로얄티 40퍼센트를 내면서 그의 브랜드와 레시피, 배달 시스템을 사용할 수 있다.

햄버거 요리사는 현재 체인점 200개를 갖고 있다. 각 지점마다 한 달에 1만 달러의 수입을 가져다준다. 그는 현재 햄버거를 단 한 개도 굽지 않고도 한 달에 2백만 달러를 벌고 있다.

이 같은 방식은 변호사, 마사지 치료사, 마케팅 전문가 같은 다른 많은 직업군에도 얼마든지 적용할 수 있다. 감이 오는가? 어떤 집약적인 사업이라도 제대로 계획을 세우고 제대로 자동화하라. 그럼 당신이 시간을 들이지 않아도 돈을 벌어 주는 기계가 된다. 이미 시간 집약적인 사업을 시작해 확실히 자리를 잡았더라도 당신의 시간을 소득에서 분리할 방법들이 있다.

시간은 당신이 절대 더 많이 만들어 낼 수 없는 유일한 요소다. 모든 사람에게 하루 동안 주어지는 시간의 양은 같다. 부자가 되고 싶으면 사람들을 고용하거나 시스템을 구축하라. 그리고 직원들의 시간을 당신의 시간처럼 활용하라. 당신의 시간은 사업을 성장시키는 데 사용해 실질적으로 사용할 수 있는 시간을 더 많이 만들어 내는 방법을 배워야 한다.

세계적으로 수익성이 높은 사업을 살펴보라. 대개 그 사업의 소유주들은 자기 시간을 투자하지 않아도 사업이 굴러가도록 자신의 시간을 사업에서 분리했다. 때문에 사업장에 나타날 필요도 없다. 성공한 사람들은 모두 이 점을 제대로 이해하고 있다. 슈퍼 리치들은 이를 극대화한 사람들이다. 세계의 슈퍼 리치들은 돈으로 돈을 번다. 시간은 전혀 투자하지 않는다. 빌 게이츠는 투자로 수십억 달러를 벌고 그 돈이 알아서 불어난다. 그에게 수백 만 달러를 벌어 준 사업에 투입된 요소는 시간이 아니다. 만일 당신이 시간을 소득에서 분리하지 않는다면, 당신이 바라는 정도로 부자가 될 수는 없을 것이다.

세 번째

부자는
자존감이 높다

당신이 뛰어난 재능인이라면?

■■■■■■■■■■■■■ 이 장에서는 자동차 경주 이야기를 하면서 여러분의 이해를 돕고 싶다.

당신이 다른 차원의 세계로 순간 이동했더니 한창 떠오르는 경주 자동차 드라이버가 돼 있다고 상상해 보자. 아주 신기하게도 거기서 당신은 최고의 운전 재능을 부여받았다. 어떤 이유에서인지 자동차 경주 후원자가 당신을 무척 좋아한다. 당신에게는 최첨단 자동차와 최고의 피트 크루가 있다. 차에는 다른 어떤 자동차보다도 시속 3킬로미터 정도를 더 빨리 달릴 수 있도록 불법 장치도 달았다. 이는 실제로 레이싱에 크게 도움이 된다. 현실에서 불법 장치를 다는 일은 흔치 않다. 하지만 당신은 정말 끝내주는 최고의 선수다. 때문에 관계자 누구도 간섭하지 않는다고 가정하자.

모든 것이 당신에게 유리하다. 한 가지만 빼고 말이다! 당신은 자존 감이 낮아서 승리할 수 있다는 생각이 들지 않는 것이다. 그래서 질주 의 위험을 떠안기가 두렵다. 당신은 스스로 아주 평범하고 절대 우승 할 수 없다고 생각하고 있다. 애초에 왜 여기까지 오게 됐는지조차 잘 모르겠다.

이 상황에서 나는 당신에게 묻고 싶다. 당신은 유리한 요소를 모두 갖췄다. 그런데 당신이 우승하게 될 한 명의 선수라고 스스로 믿고 있 는가? 다른 선수 99명과 싸울 때 당신을 정말 1퍼센트로 만드는 것은 바로 그 믿음이다. 이에 대해 더 생각해 보자.

조금 위험하기는 해도 좋은 기회가 생겼을 때, 당신은 그 기회를 잡을까? 그렇지 않을 것이다. 당신은 스스로 평범하다고 생각하고, 성 공할 것이라는 확신이 없기 때문이다.

시합에서 당신이 다른 선수 3명과 막상막하로 접전을 벌인다. 당신 은 승리하기 위해 자신을 몰아붙일까? 아니면 위험을 피하려고 속도 를 줄일까? 당신은 아마 겁에 질려 어쩔 줄 모르다가 속도를 줄일 것 이다. 왜냐하면 그들과 겨룰 기술이 있다는 확신이 없기 때문이다. 경 쟁자들을 앞지르려고 하면 당신의 차는 제어가 불가능할 정도로 회전 할 수도 있고, 심하면 다른 차를 들이받을 수도 있다. 당신은 기어코 이기려고 하다 괜히 위험한 상황에 처하느니 안전하게 있는 것이 더 낫겠다. 그렇지 않은가?

경주가 진행되는 동안 당신은 기꺼이 어려움을 떠안고 훌륭한 선수가 취할 법한 행동을 하며 승리를 위해 나아갈까? 그렇지 않다! 당신은 가장 순조롭고 평탄한 경로를 택하려 할 것이고, 그저 운 좋게 승리할 수 있기를 바랄 것이다. 가혹하게 들리는가? 내 말에 화나고, 이런 생각이 드는가?

'난 그런 부류의 사람이 아니야. 열심히 노력하지만 항상 실패하는 것뿐이라고!'

글쎄, 가혹한 진실은 실패에 대한 두려움이나 편안함에 대한 갈망이 당신을 성공에서 멀어지게 하지 않았더라면, 아마 이 책을 읽을 필요도 없었다는 것이다. 정말 성공하고 싶다면 사업을 시작하는 일이 당신 인생에서 최우선이 돼야 한다. 뭐, 최우선이 아니어도 괜찮다. 다만 당신이 부자가 될 가능성이 거의 없어진다는 사실을 받아들이면 된다. 항상 변명만 늘어놓지 마라. 가족, 편한 삶, 빈둥거림, 평범한 인생을 사는 것이 부자가 되는 것보다 더 중요하다고 인정하라.

다시 이야기로 돌아가자. 세상에서 온갖 유리한 요소를 다 갖고 있어도 스스로 성공에 대한 확신이 없으면 당신은 성공하지 못할 것이다. 당신이 스스로 경주에서 우승할 것이라 생각하면, 실제로 우승할 확률이 높다. 당신이 스스로 경주에서 승리할 가능성이 전혀 없다고 생각하면, 경쟁하는 99대가 번개에 맞지 않는 한 당신은 절대 우승하지 못할 것이다. 당신 스스로 상위 1퍼센트라고 믿기 전까지는 당신의 기술과 도구는 전혀 의미가 없다. 자기 자신이 선택받은 사람이라고 믿어야 한다. 그리고 진심으로 당신이 경쟁자들보다 뛰어나다고 생각해야 한다. 그렇지 않으면 경쟁자들을 무찌르고 승리하기 위해 필요한 선택을 하지도, 기회를 잡지도 못할 것이다.

스스로를 규정하는 힘

나는 당신에게 묻고 싶다. 당신은 자신이 훌륭하다고 생각하는가? 다른 사람에게는 없는 강점이 있는가? 당신과 같은 목표를 갖고 노력하는 경쟁자 99명과 한 공간에 있을 때, 당신은 그 안에서 가장 우수하고, 가장 똑똑하고, 가장 소질 있고 능력 있는 사람이겠는가?

만일 당신의 대답이 '노', 혹은 '예스'라 해도 망설였다면, 부자가 되기는 100퍼센트 글렀다. 통계적으로 세계 인구의 1.1퍼센트만이 슈퍼 리치에 해당한다. 그리고 개인으로 따지면 슈퍼 리치는 1퍼센트보다 훨씬 더 적다. 당신이 부자가 되기를 원하는 것은 지구상의 나머지 99퍼센트보다 돈을 더 잘 벌기 위한 도전을 기꺼이 받아들이겠다는 것과 같다. 그리고 당신은 실제로 그렇게 함으로써 그저 훌륭한 정도가 아니라 믿기 어려울 정도로 출중한 사람이라는 사실을 받아들여야만 한다.

만일 당신이 이같이 남들과 다르게 생각한다면?

아직 시작도 안 했지만 이미 성공한 것이나 다름없다.

만일 당신이 자신을 99퍼센트의 사람들 중 한 명일 뿐이라 믿고 그 신념 체계를 바꾸지 못하면?

이 책은 그저 변기에 앉아 뒤적거릴 희망적인 읽을거리 이상은 되지 못할 것이다.

나는 내가 당신에게 한 모든 질문에 100퍼센트 자신감 있게 '예스'라고 답할 것이다. 나는 일을 뛰어나게 잘하고, 99퍼센트의 세상 사람들보다 돈을 잘 번다는 것을 알고 있다. 나는 빠르게 생각하고, 빠르게 움직이며, 내가 몸담은 시장에서 내가 만났던 그 누구보다도 더 좋은 아이디어를 내놓을 수 있다.

이를 증명할 수도 있다. 중학교 시절 내가 알았던 사람은 수백 명이다. 그들 중 오직 나만 슈퍼 리치다. 당신이 학교에서 학생들 100명을 뽑아 '머니 헝거 게임'에 참전시킨다면, 나는 그들 모두를 잔인하게 없애 버릴 것이다. 정확히 말해, 학교 학생 모두를 데리고 와 내가 돈을 벌고 있는 분야에서 나와 각각 경쟁하게 했을 때 그들이 나를 뛰어넘을 가능성은 없다.

나는 그렇다. 내가 돈 버는 데서는 99퍼센트의 사람들보다 뛰어나다고 자부한다. 자신감과 자만심을 혼동해서는 안 된다. 나는 내가 무엇을 잘하는지를 알고, 이 자신감 덕분에 성공할 수 있었다. 앞서 든 예처럼 내가 자동차 경주 선수였다면, 나는 경주에서 승리하기 위해 맞닥뜨리는 모든 도전을 마다하지 않을 것이다. 나는 내가 선수 100명 중에서 가장 뛰어나고, 어떤 일이 닥치든 스스로 대처할 수 있다고 확신하기 때문이다.

이 단순한 생각은 아주 막강한 힘을 발휘한다. 자신이 위대하다고 믿는 것, 자신이 위대하다는 사실을 받아들이는 것이 당신을 부자로 만든다. 당신이 이 책에서 한 가지만 기억해야 한다면, 반드시 이 믿음이 돼야 한다. 앞으로 읽어 나가면서 알게 되겠지만, 이는 막대한 부를 창출할 만큼 아주 강력하다.

성공을 가로막는
가장 큰 요인

▪▪▪▪▪▪▪▪▪▪▪▪ 나는 항상 사람들에게 내가 무슨 일을 하는지, 또 어떻게 돈을 버는지 이야기한다. 돈을 아주 쉽게 버는 방법도 알려 준다. 나는 사람들에게 알맞은 신념과 도구만 있으면 누구나 부자가 될 수 있다고 말한다. 그 후 부를 창출할 아이디어를 제시한다.

예를 들어 나는 소프트웨어를 만들라고 조언한다.

"어, 하지만 저는 코드 짜는 법을 모르는 걸요?"

나는 판매하는 방법을 배우고 그냥 무언가를, 어떤 것이든 팔아 보라고 조언한다.

"어, 근데 저는 판매직이 좀 불편해요."

나는 온라인 비즈니스를 시작해 보라고 말한다.

"저는 당신처럼 인터넷을 잘 못 다루는 걸요."

그렇다. 실제로 자신을 평범하고, 별로 똑똑하지 않고, 도전에서 이길 능력이 없다고 평가하는 사람들의 실제 대답이다. 이런 부류는 자신에게 성공할 능력이 없다고 생각하기 때문에, 무슨 일이든 해낼 수 있다는 확신이 없다. 그래서 위험한 일을 하거나 감수하지 못한다. 결국 자신의 목표에 도달하지도 못한다. 그들은 절대 부자가 될 수 없는 평범한 '트래픽 파이터'로서의 삶을 계속 살아간다.

하지만 당신이 스스로를 진정 위대하다고 믿는 순간, 모든 것이 변한다. 만일 스스로를 1퍼센트에 든다거나 그럴 능력이 충분하다고 생각하는 사람에게 99퍼센트에게 해 줬던 조언을 똑같이 한다면 어떻게 대답할까?

소프트웨어를 만드세요.

"저는 코드를 짜는 법을 몰라요. 하지만 분명 배울 수 있을 거예요. 아니면 개발업자에게 돈을 주고 소프트웨어를 만들게 하죠."

판매하는 법을 배워 보세요.

"사실 저는 판매직이 정말 불편해요. 하지만 극복할 방법을 배우면, 세일즈 머신이 될 수도 있을 거예요."

온라인 비즈니스를 시작해 보세요.

"전 사람들이 온라인에서 어떻게 돈을 버는지조차 몰라요. 하지만 다른 사람들이 할 수 있다면, 나도 분명히 배울 수 있어요."

재미있는 점은 이렇게 대답한 사람이 자기 자신을 완전히 잘못 알고 있는 바보일 수도 있다는 것이다. 하지만 이 사람은 자신이 대단하고 유능하다고 생각하기 때문에 자신감 없는 사람이라면 절대 하지 않을 행동을 할 것이다. 만일 자신이 하는 모든 행동과 생각이 목표 달성으로 이어지도록 삶을 바꾼다면, 원하는 일을 해내는 데 어려움이 없을 것이다. 그럼 언젠가는 수백, 수천 명이 그를 보고 대단하고 유능하다고 감탄할 만큼 성공해 있을 것이다.

수재의 논리, 바보의 자신감을 가져라

이제 당신도 알겠지만 단순한 믿음으로 바보도 부자가 될 수 있고, 천재도 가난해질 수 있다. 나는 매일 텔레비전에서 평범하거나 보통에도 미치지 못하는 사람들이 평범한 아이디어로 부자가 되는 모습을 본다. 그들이 다른 평범한 사람들과 다른 점은 자신이 성공할 수 있다고 믿는 것이었다. 이런 일은 항상 일어난다. 쇼핑몰을 걸어 다니면서 날개 돋힌 듯 팔려 나가는 온갖 멍청한 아이디어 상품들을 모두 살펴보라.

ABC 방송의 인기 창업 오디션 프로그램인 〈샤크탱크〉에서 에피소드 하나만 시청하라. 거기서 아주 형편없는 아이디어들에 때로 투자가 결정되는 것을 한번 보라. 〈샤크탱크〉에서 투자가 결정되는 일부 아이디어는 정말 바보 같다. 하지만 그 아이디어를 제시한 사람들은 진심으로 스스로를 믿는다. 자신에 대한 신뢰가 결국 스스로를 성공으로 이끈다.

스너기를 기억하는가? 소매가 달린 입는 담요다. 또 끼고 있는 사람의 마음의 움직임에 따라 색이 변하는 반지라는 무드 링이나 노래하는 오싹한 물고기 장식판은 어떤가? 그 멍청한 아이디어들로 개발자들은 수백만 달러를 벌었다. 그것들은 어떻게 보느냐에 따라서는 훌륭한 아이디어였다. 내가 하고 싶은 말은 믿음이 그 정도로 엄청나게 강력하다는 것이다. 이 믿음은 바보의 손에 있을 때 훨씬 더 막강하다. 바보는 소위 '올바른 판단'을 하기가 힘들기 때문이다. 분별 있는 사람이라면 절대 하지 않을 위험한 일에 기꺼이 도전한다.

내가 '바보', '멍청이' 같은 단어를 반복하는 이유는 그들은 신념 덕분에 분별 있는 사람이라면 좇지 않을 목표를 맹목적으로 추구하기 때문이다. 그들은 오직 바보나 멍청이가 추구할 것 같은 목표를 따라간다. 분명 당신의 친구 중에도 다른 사람들의 말에 신경 쓰지 않고 끊임없이 어떤 꿈을 좇는 사람이 있을 것이다. 혹은 그간의 실적이 형편없었음에도 터무니없을 만큼 자신감이 넘치는 사람도 있을 것이다. 사실 그 자신감은 기막힌 장점이다. 멍청해 보이는 발명이 백만 달러짜리 아이디어가 된 것은 자신감 덕분이다. 발명가가 스스로를 믿었기 때문에 자신의 꿈을 실현시키고자 열심히 노력할 수 있던 것이다.

내가 바라는 점은 당신이 수재의 논리적이고 현실적인 면을 취하면서도 바보의 맹목적인 자신감을 겸비하는 것이다. 때로는 상식을 무시하고 맹목적인 믿음에 자신을 맡겨야 한다. 평범한 사람들은 위험 가능성이 조금만 있으면 스스로를 내걸고 밀어붙이지 못한다.

이 책은 '여러분이 마음속으로 무언가를 아주 간절히 소망한다면, 그 소망은 이뤄질 것입니다'라고 말하는 히피식 자기계발서가 아니다. 이 세 번째 방법이 당신이 소망을 성취하는 데 엄청난 영향을 미치는 과학적이고 정확한 이유가 있다. 나는 이를 'B.L.R(Belief-믿음, Actions-행동, Results-결과)' 시스템으로 칭한다.

여러 차례 언급했지만, 믿음이 우리의 행동을 일으킨다. 만일 당신의 외모가 스스로 아주 훌륭하다고 믿으면, 이성에게 훨씬 더 자신감 있게 행동할 것이다. 그랬을 때 결과가 어떨지는 굳이 설명할 필요가 없을 것이다. 자신감을 갖는다면 당신은 어떤 행동들을 취하게 될 것이며, 그 행동들은 당신이 좋든 나쁘든 어떤 결과를 줄 것이다.

그럼 당신은 어떻게 '엄청난 부'라는 결과를 얻겠는가? 다른 비즈니스 99퍼센트보다 더 나은 비즈니스를 창안하면 된다. 그럼 어떻게 위대하고 성공적인 비즈니스를 창안하겠는가? 답은 당신 자신이 위대해져야 한다는 사실을 믿고 받아들이는 것이다.

멘토는 성공을 트래픽 파이터로 한정했다

우리는 살면서 '앞으로 슈퍼 리치가 될 거야'라는 말은 들어 보지 못했다. 방식은 다르겠지만 어쨌든 그렇다. 우리 인생의 선생과 멘토들은 인생에서 계속 어려움과 실패를 겪을 수밖에 없다고 설득하며, 트래픽 파이터의 인생관으로 최악의 상황에 대비하는 법을 가르쳤다. 선생이 한 번이라도 당신이 엄청난 부자가 돼서 섬도 살 수 있을 것이라고 한 번이라도 말해 준 적이 있는가? 다 같이 함께 말해 보자.

"한 번도 없다!"

당신이 공부를 잘했다면 그들은 이렇게 칭찬했을 것이다.

'정말 똑똑하구나. 나중에 좋은 대학에 들어갈 수 있을 거야.'

'언젠가 정말 훌륭한 변호사가 될 수 있겠다.'

물론 선생은 좋은 의도였겠지만, 안타깝게도 이런 말 때문에 당신은 트래픽 파이터가 되는 것이 성공이라고 믿게 됐다. 물론 일부 사람들에게는 사실이다. 만일 당신이 변호사가 되기를 원했고, 현재 이뤘다면 당신은 목표를 이뤘기 때문에 성공한 것이다. 혹은 당신이 교사가 되기를 원했고 지금 교사라면 마찬가지로 성공했다. 하지만 우리가 지금 여기에서 하는 이야기는 그런 맥락이 아니다. 당신이 이 책을 읽고 있다면, 내 생각에 당신은 헤아릴 수 없을 정도로 어마어마한 부를 원하는 것이다. 소득 상위 1퍼센트인 기업가 정도의 엄청난 성공 말이다.

학교 선생이든 학교 밖에서 만난 멘토든 그들은 당신에게 고등학교 졸업 후 이룰 수 있는 최고의 성공은 좋은 대학에 입학하는 것이라 말한다. 그들은 '대학에 가지 않고, 취업하지 않아도 부자가 될 수 있다'는 말은 절대 안 한다. 심지어 그들도 부자가 아니다. 그러니 자신조차 이루지 못한 일을 당신에게 이루라고 설득하겠는가?

사람들은 부자가 되기를 원하면서 반대되는 행동들을 한다.

- 시작조차 안 해 보고 단념한다. 자신이 위대하다거나 부자가 될 자격이 있다고 믿지 않기 때문에 심지어 성공하려는 시도조차 하지 않는다.
- 그들은 여전히 평범한 사람처럼 행동하면서 부자가 되고 싶어 한다. 도전하지 않고 안전한 길만 간다. 그리고 컴포트 존을 절대 떠나지 않는다.

다행히 우리는 그렇게 행동하게 만드는 장애 요인을 극복할 방법이 있다. 무엇인지 짐작이 가는가? 나를 따라 말해 보라.

"나는 내가 대단하다는 사실을 믿고 받아들여야만 한다."

예를 들어 소프트웨어 판매 같은 도전에 직면했을 때 당신은 아마 자신이 대단하다고 믿기 힘들 것이다. 사실 소프트웨어를 파는 일이 맞지 않는 옷을 입는 일 같아서 안 하고 싶을 수도 있다. 게다가 어떻게 시작해야 하는지조차 모를 것이다. 하지만 당신은 결국 스스로 성공할 수 없다고 생각하기 때문에 하지 않는 것이다. 당신이 대단해져야 한다는 사실을 받아들이면 위력이 나타난다. 당신이 성공할 수 없다고 느껴질 때, 한 걸음 물러나 스스로에게 이렇게 말하라.

"나는 반드시 대단해져야 한다."

당신은 아주 열심히 일해야 한다. 선택한 일이 무엇이든 놀라울 정도로 잘해야 된다는 사실을 마음 속 깊이 새겨라. 이를 받아들이면 당신이 무엇을 해야 할지는 자명하다. 당신이 할 일은 위대해지기 위해 필요한 일을 무엇이든 하는 것이다. 맞다, 그렇게 간단하다. 만약 해당 분야의 전문가가 되기 전까지 새로운 기술을 전부 배워야 하고, 10명 정도를 고용해야 하고, 혹은 하루 12시간 동안 일주일에 6일을 영업해야 하면, 그렇게 해야 한다. 결국 당신이 어떤 일을 정말 열심히 하면, 그 일을 잘하게 될 것이다. 감히 말하지만 정말 뛰어난 실력을 갖게 될 것이다. 그럼 당신이 대단하다는 사실을 받아들이기가 훨씬 수월하다. 당신이 돈 벌기의 달인이 되고자 10년을 투자하면, 탁월한 사업가가 못 되는 게 오히려 이상한 일이다.

내 친구는 8번이나
사업이 망했다!

■■■■■■■■■■■■   내 친구 중 가장 성공한 콤은 순 자산이 5억
달러에 이른다. 아마 이 책이 출간될 쯤이면, 7억 달러나 10억 달러로
늘어나 있을 것이다. 처음 소프트웨어 사업을 시작했을 때 콤은 코드
작성이나 사업 운영에 완전히 문외한이었다. 콤은 고등학교 중퇴자였
고, 무엇도 제대로 해 본 경험이 없었다. 사람들 대부분은 그가 사업
을 하면 안 된다고 생각했다. 그럼에도 불구하고 콤은 사업가가 되기
를 원했다. 성공할 방법은 몰라도 성공할 때까지 부딪힐 많은 장애물
을 극복할 수 있다고 그저 믿었다. 콤은 아무것도 몰랐지만 대단해지
기 위해 할 일은 무엇이든 해야 한다고 받아들였다.

당신이 무엇이든 10년을 자신감 있게 밀어붙이면 결국 그 일을 잘

하게 될 것이다. 콤은 8번이나 사업이 망해 파산해서 극심한 어려움을 겪었다. 당시 콤은 자신에게 닥친 장애물을 극복하기 위해 필요한 조건들을 갖추지 못했다. 하지만 야망과 투지가 넘쳤다. 자신에게 닥친 장애물을 극복하기 위해서는 대단해져야 한다는 사실을 이해하고 받아들였기 때문에 계속 앞으로 나아갔다.

나는 사람들에게 '인터넷을 잘 몰라서' 혹은 '파는 일에는 소질이 없어서' 같은 사소한 이유들 때문에 사업을 시작할 수 없다고 불평을 듣는다. 그러나 실제로 성공에 불리하게 작용하는 것은 그런 것들이 아니다. 잘 모르거나 소질이 없다는 생각은 얼마든지 바뀔 수 있고, 인터넷이나 파는 일은 배우면 관심 영역이 될 수도 있다.

콤은 사업을 8번 해서 한 번도 성공하지 못하고 파산했다. 기록으로 따지면 그는 승률이 1할쯤 되는 아주 형편없는 경주마였다. 그를 위해 누가 일하고 투자하고 싶어 할까? 그렇다. 아무도 없었다. 그리고 그것은 콤이 해결해야만 하는 문제였다. 8번을 실패 후 콤은 도박 사업을 시작했다. 콤은 당시 영국에 있었는데 그 사업을 시작하자마자 자본금 100만 파운드 이상을 마련하지 못하면 법적 규제에 걸려 영업을 중단해야 한다는 것을 알게 됐다. 이것이 내가 말하는 실제적인 난관이다.

콤은 다시 성공하기 위해 필요한 일은 무엇이든 하겠다고 생각했다. 그는 영국에 있는 거의 모든 투자처에서 거절당하고 마지막 투자 미팅에서도 쫓겨났다. 그야말로 사무실 문을 일일이 두드리고 다니다가 겨우 투자를 따낼 수 있었다. 그것도 모자라 법적 시한이 만료되기 겨우 몇 시간 전에야 돈을 마련할 수 있었다. 매우 힘겹고 스트레스였을 것이다.

몇 년 후 콤은 그 회사의 자기 지분을 매각해 수억 달러를 벌었다. 그리고 '마이스페이스'의 실질적인 최초 투자자 중 한 명이 됐다. 현재는 전 세계에서 이름난 투자자다. 그가 처음부터 대단하지는 않았다. 하지만 실패를 거듭하면서도 계속해서 일하고, 배우고 자신을 몰아붙였다. 위대해지기가 어려움을 알면서도 자신이 성공할 수 있으리라는 믿음을 계속 갖고 있었기 때문이었다. 시간이 다소 걸리기는 했다. 하지만 콤은 모든 난관을 극복하고 성공했다.

만일 콤이 자신을 평범하다고 생각했다면 이 모든 일이 가능했을까? 그 모든 위험을 계속 떠안을 수 있었을까? 콤은 최악의 경주마였지만 자신을 최고라고 믿었다. 그 결과 상위 1퍼센트로 도약했다. 콤이 자신이 위대하다는 믿음, 위대해져야 한다는 사실도 받아들이지 않았다면 이 모든 일은 일어나지 않았을 것이다. 아마 30번은 실패했을지 모른다. 그럼 9시부터 18시까지 근무하는 일자리를 얻어 결국 트래픽 파이터로서 평범한 삶에 순응하며 살아갔을 것이다. 사람들 대부분은 실패하지도 않는데도 꿈을 포기한다. 콤은 8번을 실패했다. 그럼에도 포기하지 않았다!

콤의 사례는 믿음이 삶에 얼마나 강력한 영향을 미치는지 보여 준다. 하지만 스스로를 맹목적으로 믿기만 하면 어떻게 될까? 그동안 쌓은 부를 잃는 결과를 초래할 것이다. 위험을 맹목적으로 떠안는 것과 이 믿음을 수용하는 것을 혼동해서는 안 된다. 정말 성공하고 싶다면 돈이 작동하는 방식을 이해하고 비즈니스를 배워야 한다. 그럼 당신은 위험을 맹목적으로 떠안는 게 아니라 기회를 잡을 것이다.

초보자를 위한 상위 1퍼센트 생각

부자가 되기를 바라는 것은 절대 평범한 사람이 되지 않겠다는 목표를 갖는 것과 같다. 당신도 부자가 되고 싶다면 다른 사람들보다 돈을 더 잘 벌기 위해 노력하게 될 것이다. 하지만 스스로에게 확신이 없는 사람은 절대 부자가 될 수 없다. 그저 기술이나 아이디어만으로는 상위 1퍼센트에 낄 수 없다. 여기에서 이 믿음을 수용하고 적용하는 방법을 소개하겠다.

자신이 대단하다고 생각한다고 바로 계좌에 5백만 달러가 들어올까? 기술만으로 엄청난 부자가 될 수 있을까? 아니다. 당신은 스스로 대단하다는 생각을 전제로 믿고, 행동하고, 결정해야 한다. 당신이 이제 막 비즈니스 세계에 입문했다면 이를 어떻게 실천해야 할까?

당신이 성공한 천재적인 사업가라면 어떻게 행동할지 생각해 보자. 문제를 맞닥뜨렸을 때 스스로에게 이렇게 물어라.

'이 상황을 어떻게 해결할까?'

성공한 사업가가 과연 '나는 못해, 그것을 어떻게 하는지 몰라'라고 말할까?

내가 보통 사람들에게 사업을 시작하라고 조언할 때마다 듣는 말에는 전부 '하지만'이 들어간다.

'하지만 저는 코드를 못 짜는데요.'

'하지만 저는 사람들이랑 대화를 잘 못하는데요.'

'하지만 저는 X, Y, Z를 하는 방법을 모르는데요.'

당신도 똑같은 식으로 생각하는가?

'아주 유용한 정보야, 좋네. 하지만 이 베커라는 사람은 내가 못하는 것들을 다 잘하잖아. 그러니 그는 성공했고 나는 성공하지 못하는 거야.'

이 책을 읽고 이렇게 생각한다면 당신은 최악이다.

당신이 스스로에게 '이 상황을 어떻게 해결할까?'라고 묻는다면, 그것은 더 이상 문제가 안 된다. 이 질문은 대단한 부자들이 여러 상황에서 취할 행동을 당신도 하도록 이끌기 때문이다. 비즈니스를 시작하고 싶지만 낯선 사람과의 대화에 소질이 없나? 스스로에게 이렇게 질문하라.

'성공한 사람이라면 어떻게 할까?'

갑자기 노련한 소통가가 되는 것 외에는 선택의 여지가 없음이 명백해질 것이다. 그리고 다음 단계는 노련한 소통가가 되는 방법을 배우는 것이다. 하지만 일단 핵심은 당신이 무엇을 해야만 하는지 아는 것이다.

이런 사고의 과정이 당신을 위대해지는 방향으로 움직이게 만들 것이다. '집어치워. 나는 사람들과 대화하는 데 정말 소질이 없어. 원래 하던 일이나 잘하는 게 낫겠어'라고 말하는 대신, 구글에 '말하기와 글쓰기 실력을 키우는 법'을 검색하게 만들 것이다. 그 후 당신은 배워서 실천하기 시작할 것이다.

'성공한 사람이라면 어떻게 할까?'라는 질문에 근거해 행동하면 당신은 어느 정도 성공을 거둘 것이다. 처음으로 100달러를 벌고, 그 후에는 처음으로 1,000달러를 벌고, 그 후에는 '그래, 나는 이것을 할 수 있어'라고 생각하기 시작할 것이다. 시간이 지나면서 당신은 더 이상 스스로에게 '위대한 사람이라면 어떻게 할까?'라고 질문하지 않아도 될 것이다. 바로 당신이 대단한 사람이 돼서 스스로에게 완전한 확신을 갖게 될 것이기 때문이다. 당신은 최고가 되기를 원할 것이고, 최고가 될 수 있다고 믿을 것이며, 결국 실제로 최고가 될 것이다.

베테랑을 위한 상위 1퍼센트 생각

비즈니스에서 몇 차례 성공을 경험해 봤나? 그런데 현재 정체기인가? 어쩌면 새로운 경쟁자들에게 깨지거나 몇 주 동안 새로운 고객을 유치하지 못했지만 그 이유가 무엇인지 모를 수도 있다. 어쩌면 돈을 더 많이 벌고 싶지만 어떻게 하는지 방법을 모를 수도 있다. 이 모든 문제의 이유는 당신이 지금 하는 일은 잘하지만, 아주 뛰어나게 잘하지는 못하기 때문이다. 나는 이 같은 문제를 가진 사업가들을 봐 왔다. 대개 사업가들도 머리 한 켠에는 무엇을 해야 하는지 알지만 막상 그것을 실천하는 데에는 실패한다. 게다가 경쟁자가 브랜딩, 상품의 품질, 그 밖의 다른 것 등에서 더 뛰어나다. 그렇다면 어떻게 경쟁할 수 있을까?

확실한 해결책은 비즈니스를 다음 단계로 끌어올리는 것이다. 그러나 사람들은 자신이 위대하다고 믿지 않아서, 자신에게 한계가 있다고 믿어서 실패한다. 그저 다른 사람들만이 더 잘하는 일이 있다고 믿는다. 중요한 메시지를 반복하겠다. 이 문제의 유일한 해법은 당신의 사고 프로세스에서 '한계'라는 단어를 없애는 것이다. 그리고 스스로에게 질문하자.

'위대한 사업가라면 이런 상황을 헤치고 나아가기 위해 어떻게 행동할까?'

이 질문은 당신이 문제를 완전히 다른 시각에서 바라보게 만들고 최선의 해법을 찾아내도록 할 것이다.

나는 한 달에 1만 달러에서 1만 5천 달러의 이윤을 꾸준히 창출하는 사업가들을 만난다. 그들은 꽤 괜찮게 벌고 있다. 하지만 돈을 더 많이 버는 법은 모른다. 이유는 스스로 발전하기를 거부하기 때문이다. 그런 사람들은 어떻게 나같이 사업을 할 수 있을지 묻는다. 그들은 계속 평범하게 행동하면서 위대한 사람처럼 돈을 벌 전략이나 비결이 없는지 찾고 있다. 내 사업체와 동일한 수준의 사업체를 소유하고 싶다면 당신은 대단해져야 한다. 대단해지기 위해서는 브랜드, 마케팅, 상품, 그 밖의 모든 일을 개선하는 데 엄청난 시간을 쏟아붓고 투자를 해야 한다.

나도 돈은 벌었지만 사업을 확장하는 데 아주 심각한 어려움을 겪던 시절이 있었다. 동종 분야에서 내 회사보다 10배는 더 많이 버는 회사들을 보면서 어떻게 하면 내 회사를 그 정도 수준까지 끌어올릴 수 있을지 몰라 속상했다. 결국 내가 대단해져야 한다는 것을 깨달았다. 당시의 나보다도, 또 그들보다도 더 뛰어난 사람이 돼야 했다. 그러기 위해 나는 이런 일들을 해내야 했다.

- 일처리 능가하기.
- 더 우수한 사람들을 내 회사로 데려오기.
- 사업 마케팅 완전히 숙달하기.

단순해 보일 것이다. 하지만 깨달음을 얻기 전에 나는 스스로에게 이렇게 말했었다.

'너는 그들에게 있는 수준의 직원이 없잖아.'

'너는 그들처럼 소프트웨어 만드는 법을 모르잖아.'

'너는 광고의 달인이 아니잖아.'

'너는 돈을 잃는 게 두렵잖아.'

성공하려면 위대해져야만 한다는 사실을 인정한 후 내 생각은 이렇게 변했다.
'나는 소프트웨어 만드는 일을 익혀야 한다.'
'나는 더 우수한 직원을 고용해야 한다.'
'나는 광고를 배워야 한다.'

그래서 빈둥빈둥 앉아서 '할 수 없는 일' 생각하는 대신 해내야 할 일들을 실현할 방법을 알아냈다. 그것은 나를 컴포트 존 밖으로 밀어냈다. 나를 위해 비축해 둔 돈을 회사에 투자해야만 했는데, 그 결과 내 회사는 놀랍게 성장했다. 위대한 사업가는 자신의 컴포트 존에 머물러 있지 않는다. 그들은 다음 단계로 사업을 추진하는 것이 고난이더라도 계속 밀어붙인다. 이 사고방식은 어느 정도 돈은 벌었지만 더 많은 돈을 벌고 싶은 사람을 위한다. 당신이 겪을 문제는 컴포트 존에 머물며 분야에서 절대적인 최고가 되려 하지 않는 태도다. 하지만 당신이 투자해야 할 조건들과 시간에 상관없이 최고가 돼야만 한다는 사실을 받아들이기만 하면 컴포트 존에 머물기가 오히려 힘들어질 것이다.

만일 당신의 목표가 최고가 아닌, 그저 사업으로 돈을 버는 것인가? 그렇다면 사업을 아주 오랫동안 유지하거나 크게 성장시키지는 못할 것이다. 돈을 버는 일에만 너무 집중해서 사업을 성장시키는 데 필요한 투자를 꺼릴 수 있기 때문이다. 최고가 되려면 투자를 하고 다른 사업가들과의 경쟁에서 이겨야 한다. 최고가 되려면 시간과 돈을 투자해야 하며 다른 사업가들이 하지 않을 일도 해야만 한다. 이 사실이 불편해도 받아들이고 실행에 옮겨라. 그럼 위대해지는 것이 당연한 결과가 될 것이다.

앞으로 이 책에서 여러 차례 보겠지만, 원하는 목표를 달성하기 위해 당신이 할 일은 그저 행동들을 반복하는 것이다. 유일한 장애물은 그런 행동들을 통제하는 믿음이다. 당신이 평범하다는 믿음은 평범한 행동이라는 결과를 가져온다. 이는 벗어날 수도, 부인할 수도 없는 사실이다. 위대한 생각 없이 위대한 행동은 있을 수 없다. 세상의 모든 일이 당신에게 유리하게 돌아가도 알맞게 행동하지 않으면 부를 향한 경주에서 승리할 수 없다.

네 번째

부자는
주도권을 잡는다

다른 사람에게
잘못을 돌리지 마라

■■■■■■■■■■■ 미리 경고한다. 이 장은 극단적이고 어두운 이
야기로 시작할 것이다. 그리고 분명 당신을 화나게 만들 것이다. 읽기
전에 여기에서 든 예시는 요지를 분명히 하기 위해 활용하는 이야기
일 뿐이라는 것을 유념하기를 바란다. 이 이야기는 옳고 그름을 판단
하려는 것도, 내 개인적인 견해가 반영된 이야기도 아니다. 이 이야기
는 그저 예시, 단지 예시일 뿐이다. 그러니 부디 이 이야기를 판단하
려 하지 말고 객관적으로 읽어 주기를 바란다, 미리 감사드린다!

어느 날 밤 12시에 스티븐은 파티에 갔던 딸이 아프다고 하자 데리
러 갔다. 그는 딸을 태우고 늘 다녔던 귀갓길로 차를 몰았다. 그 길로
가면 술에 취한 사람들이 많은 가게 근처를 지나쳐야 했다.

스티븐은 사각지대인 교차로에 이르렀다. 그는 앞으로 나아가기 전에 양쪽 길을 모두 살폈다. 시야에 무엇도 잡히지 않았고, 설령 보지 못했어도 정상 속도로만 달리면 절대 크게 부딪힐 일은 없었다. 스티븐은 교차로 쪽으로 차를 몰았다. 바로 그 순간 음주운전자가 대형 트럭을 몰고 시속 100마일로 스티븐을 향해 돌진하더니 그대로 들이받았다. 스티븐과 딸은 그 자리에서 즉사했다. 음주운전자는 가벼운 경상만 입고 사고 현장에서 살아남았다.

이 단단히 잘못된 상황은 누구의 잘못인가?

우리 사회에서 잘못은 음주운전자에게 있다. 우리는 그를 비난할 수도, 감옥에 보낼 수도, 그의 삶을 망쳐 버릴 수도 있다. 우리 모두 음주운전이 끔찍한 사고로 이어질 수 있음을 인식하고, 음주운전자를 항상 나쁜 놈으로 생각한다.

하지만 결국 대가를 치른 사람은 누구인가? 스티븐인가, 음주운전자인가? 음주운전자의 행실로 가장 크게 대가를 치른 사람은 죽은 스티븐이라는 것이 냉혹한 진실이다. 음주운전자를 비난할 수는 있다. 하지만 이 상황에서 누가 손실을 입었는지는 변하지 않는다. 비난한다고 벌어진 일을 되돌릴 수도 없다. 법적으로도, 보편적으로도 그 운전자는 대가를 치러야 하지만 그래도 스티븐과 그의 딸이 죽었다는 사실은 그대로다.

다른 사람이나 요인을 비난하는 문제는 이것이다. 비난은 당신이 자기 삶에 대한 책임과 통제권을 놓게 만든다. 당신은 벌어진 일을 막을 방도가 도저히 없었다고 말할 것이다. 그렇게 인정하면 그 일은 당신이 통제할 수 없다고 결정을 내리게 된다. 결국 자신에게 나쁜 일이 벌어지는 것을 방관할 것이다. 그 일은 다른 사람이나 무엇에 좌우되는 문제가 되며, 잘못도 그들이나 그것들의 탓이 된다. 하지만 이 이야기에서 대가를 치른 사람이 스티븐이듯 대개, 특히 비즈니스에서 대가를 치르는 사람은 오직 당신이다. 물론 음주운전자는 영원히 감옥에서 살 수 있다. 하지만 죽은 스티븐과 딸이 되살아나지는 않는다. 그러므로 실제로 죄를 지은 사람이 벌을 받는다고 이미 벌어진 일이 없던 일이 되는 것이 아니다.

만일 스티븐이 자신에게 있었던 모든 일에 책임을 졌다면 어땠을까? 시간을 되돌려 스티븐이 이렇게 생각했다고 상상해 보자.

'밤이 너무 늦었군. 차를 몰고 취객들이 몰리는 장소를 지나가야 한단 말이지. 내가 음주운전자의 차에 치이면 그것은 내 잘못이야. 일어날 수 있지만, 피할 수도 있으니까. 어떻게 해야 그런 일을 당하지 않을 수 있을까?'

그는 완전히 다르게 행동했을 것이다. 그가 할 수도 있었던 행동 몇 가지가 있다.

첫 번째, 딸을 설득해 친구 집에 밤새 머물게 한다.

두 번째, 차를 몰고 취객들이 있는 곳을 지나가지 않는다.

세 번째, 사각지대에 제정신이 아닌 운전자가 있을 수 있다고 생각하고 다른 길을 택해 집에 간다.

이 밖에도 많다. 지나치게 걱정이 많아 보이나? 하지만 스티븐이 정말 걱정이 많았다면, 자신과 딸의 운명을 지킬 수 있었을 것이다. 반대로 음주운전자는 자신을 탓해야 할까? 물론이다. 술에 취해 스티븐의 차를 박았기 때문에 100퍼센트 그의 과실이다. 스티븐이 사고를 막을 수도 있었기 때문에 자신을 탓해야 하는 것처럼, 음주운전자 역시 사고를 막을 수도 있었기 때문에 자신을 탓해야 한다. 하지만 여기에서 당신은 차라리 누구이고 싶은가? 비난에서는 자유롭지만 죽은 사람인가, 온갖 비난을 받지만 그래도 살아 있는 사람인가?

책임을 지고 통제권을 얻는 것이 낫다

극단적인 사례를 들었지만 부자가 되려면 이런 방식으로 세상을 바라봐야 한다. 돈을 벌려면 돈을 통제해야 한다. 부를 통제하려면 부에 대한 통제권을 다른 사람이나 요인에 넘길 것이 아니라 최대한 자신이 가져야 한다. 당신이 더 많은 책임을 질수록 사업에서 더 많은 요소를 통제할 수 있다.

우리 사회는 피해 의식에 중독돼 있다. 모든 것이 다 남의 탓이다. 회사 사장 탓이고, 경제 탓이고, 소프트웨어의 결함 탓이다. 당신 자신만 빼고 누구의 탓이든 무엇의 탓이든 될 수 있다. 이런 사고방식은 당신이 부자가 되고자 노력할 때 빨리 지치게 만드는 요인이 된다. 왜일까? 이론상으로야 당신에게 닥친 나쁜 상황은 다른 사람 탓이지만 돈을 잃고, 부와 성공을 빼앗기는 사람은 당신이기 때문이다. 비즈니스 세계에서는 누구의 잘못이든 상관없이 대가를 지불하는 사람은 당신이 될 것이다. 이를 막을 유일한 방법은 책임의 화살을 항상 자기 자신에게 돌려서 다른 사람이나 변수에서 통제권을 빼앗아 올 방법을 생각하는 것이다.

당신은 잘못의 책임과 상황의 통제권이 어디에 있기를 바라는가? 회사 직원이나 경제 상황, 혹은 무엇이 됐든 무작위적인 요인이 당신의 미래를 망친 다음 비난받기를 바라는가? 차라리 다른 사람들의 잘못으로 인한 문제까지 당신이 책임을 져라. 외부 요인이 당신이 소중하게 여기는 것을 망쳐 버리기 전에 해결하는 편이 낫지 않겠는가?

프로는 다른 사람을
탓하지 않는다

■■■■■■■■■■■ 현재 내가 소유한 회사는 한 해 50~100만 달러를 번다. 한때는 나도 직원 2명으로 회사를 운영했었는데, 그중 직원 A와는 계속 문제가 있었다. 문제가 있을 때마다 나는 그를 비난했다. 해고하겠다고 협박하고 임금을 깎았다. 당시에는 그런 방법이 상황을 해결하는 최선이라 여겼다. 나는 계속 그를 비난하기에 바빴다.

그러던 중 회사 시스템 전체를 점검할 사람을 고용했다. 그는 회사 계정 중 일부에서 어떤 서비스도 안 되고 있었다고 알렸다. 아주 일부지만 고객들이 청구한 목록 중 직원 A가 처리하지 않은 주문의 총액이 2만 달러가 넘었다. 직원 A는 시스템과 소프트웨어를 탓했다. 자신이 업무를 수행하지 않은 점은 전혀 탓하지 않고 그 외 모든 것을 탓했다. 그에게는 몇 가지 정당한 이유가 있었지만, 핑계였다. 모든 오류는 간단한 조치로 예방하거나 바로잡을 수 있었다.

그러나 직원 A가 고객들에게 2만 달러를 지급하거나 보상했어야 할까? 절대 아니다. 그는 결국 해고됐고 회사에 아무런 채무도 없이 급료만 챙겨서 나갔다. 반면 나는 고객들에게 연락해 그들이 모두 배상받을 수 있도록 조치를 취해야 했다. 이 일은 그 직원의 잘못이었을까? 내가 피해 의식이 있었다면 당연히 그렇다고 대답했을 것이다. 직원 A는 업무를 수행하지 않았기 때문에 사업을 엉망으로 만들었다. 그는 자신의 일을 더 제대로 해야 했고 월급 받은 값을 했어야 했다. 하지만 그렇게 생각해서 나에게 무슨 소용이 있겠는가? 진짜 잘못은 나에게 있다. 만일 사업에서 일어나는 모든 일이 전부 내 책임이라는 사고방식을 가졌더라면, 그 일은 벌어지지 않았을 것이다. 2만 달러를 더 벌었을 것이고, 고객들을 잃지 않았을 것이다.

우리 모두 다른 사람을 탓하는 일이 시간 낭비라는 것을 알고 있다. 하지만 다른 사람을 탓하는 이유는 그것이 쉽기 때문이다. 자신을 탓하기보다 희생양이 있는 것이 마음이 편하다. 우리의 자아에 타격을 입히는 일보다는 다른 누군가를 맹목적으로 미워하면서 화내는 일이 훨씬 간단하다. 그러나 감정적인 남 탓으로는 어떤 문제도 바로잡을 수 없다. 과거를 보내고 앞으로 나아갈 수도 없다. 남 탓으로 우리가 얻는 것은 비난에서의 자유다. 덕분에 죄책감은 느끼지 않을 수 있겠지! 하지만 죄책감을 느끼지 않는다고 문제까지 해결되는 것은 아니다. 문제는 스스로 책임을 지고 고쳐야 해결되는 것이다.

초보자와 베테랑의 차이는 직원이나 고객이 잘못했을 때 그 상황을 어떻게 대처하는지에서 드러난다. 만일 잘못을 저지른 상대에게 불평하고 책임을 지운다면, 그는 아마추어다. 그러나 문제는 거의 언급도 않고 즉시 해결책을 모색한다면 그 사람은 프로다. 내가 처음부터 사업 전체의 모든 책임을 떠안았다면, 그 직원이 문제를 일으키기 전에 나는 어떻게 예방했을까? 아마 이렇게 했을 것이다.

- 그 직원이 사용하는 소프트웨어가 제대로 작동하는지 확인한다.
- 그 직원이 사용하는 시스템을 일주일에 한 번 점검한다.
- 그 직원이 매일 하는 업무를 확인한다.
- 그 직원의 업무 태만을 눈치챘을 때 바로 해고한다.

간단한 조치들만으로 그 끔찍한 상황이 벌어지는 것을 막을 수 있었다. 하지만 나는 내가 아니라 직원의 어깨에 책임을 얹었다. 다른 사람에게 책임을 떠넘기는 것은 의미가 없다. 여전히 대가를 치러야 하는 사람은 '나'다. 이런 연장선상에서 행동하면 당신은 소득을 창출하고 보호하는 데 더 많은 통제권을 갖게 될 것이다.

이와 관련된 또 다른 사례는 많은 소프트웨어 중 하나를 개시할 때 있었다. 나는 새로운 소프트웨어를 정기적으로 개시해 왔다. 처음 몇 차례는 모든 일이 꼬였다. 호스팅 문제도 엉망진창이었고, 대금 문제도 있어서 총체적 난국이었다. 당시 나는 호스트를 탓하고 개발자에게 엄청나게 욕을 퍼부었다. 그러나 진짜 잘못은 나에게 있었다. 이제 나는 새 소프트웨어를 내놓을 때 호스트나 개발자를 탓하지 않는다. 모든 책임을 나에게 돌린다. 그래서 기분이 나쁠 정도로 꼼꼼하게 잘 못될 가능성이 있는 모든 것을 점검한다. 덕분에 나는 성공을 통제한다. 내 성공은 개발자들의 손에 달려 있지 않다. 내가 그들이 하는 일을 거듭해서 계속 점검하기 때문이다. 그리고 그 일들이 기대에 부응하지 못하면, 내 기준을 만족시킬 다른 개발자를 찾는다. 문제가 발생하면 소프트웨어의 탓도, 호스트의 탓도 아니다. 나는 사전에 소프트웨어와 호스트를 아주 철저하게 점검한다. 오직 그것들이 내 기준에 부합할 때, 완벽할 때에만 일을 진행한다.

문제는 항상 발생한다. 때문에 완벽을 추구하는 일이 때로 완벽 강박장애를 불러일으킬 수 있으니 주의하기를 바란다. 완벽에 대한 강박은 무엇이든 항상 완벽해질 때까지 기다리다가 결국 무엇도 끝내지 못하는 상황을 만든다. 때로는 상황이 완벽하지 않아도 돈을 벌기 위해 단호하게 밀고 나갈 필요가 있다. 모든 책임을 떠안자 나는 벌어질 수 있는 모든 문제의 90퍼센트를 예방할 수 있었다. 특히 큰 문제의 경우는 99퍼센트 예방할 수 있었다.

그 누구도, 그 무엇도 당신이 부자가 되든 말든 관심이 없다. 냉혹한 진실이다. 사람들은 당신에게 꼬박꼬박 월급만 받을 수 있으면 당신의 소득이 어떻든 전혀 관심이 없다. 더욱이 세상은 당신이 일을 열심히 하고 따뜻한 마음씨를 가졌는지 따위에도 관심이 없다. 당신에게 집중해야 할 사람은 바로 당신뿐이다. 문제를 항상 대비할 유일한 사람도 바로 당신이다. 당신에게 관심을 가지지 않는 세상을, 또는 자신을 탓할 수도 있다. 하지만 세상은 잘못의 대가를 치르지 않을 것이다. 때문에 결국 책임은 당신이 지고 수습도 당신이 할 것이다.

이것이 수많은 사람이 비즈니스가 위험하다고 생각하는 이유다. 스스로 책임을 떠안아야 하기 때문이다. 하지만 주의를 많이 기울이고 꼼꼼히 살피면, 실패할 가능성은 훨씬 낮아진다. 올바른 결정을 내리면 스스로를 보호할 수 있다. 모든 일을 당신 책임이라고 보기 시작하라. 아주 주도적인 방식으로 사고하게 된다. 문제가 알아서 해결되기를 바라는 대신 당신이 취해야 할 행동을 생각하기 시작한다. 이런 사고방식은 당신의 미래에 대한 통제권을 세상이 아닌 스스로에게 두기 때문에 무한한 위력을 발휘한다.

문제는 당신이 피해 의식을 오래 지녀 왔다면 이 방식을 삶에 적용하기가 어려울 수 있다는 점이다. 당신의 뇌는 피해 의식을 놓기 싫어할 것이다. 현실을 직시하는 것이 몹시 불편하기 때문이다. 그러나 당신의 스승, 부모, 나라, 교육, 집안, 배경의 탓이 아니라 오로지 당신의 탓이라면 어떨까? 사람들 대부분이 가진 문제는 보통 자기 탓이 맞다. 오해하지는 마라. 선천적인 결함까지도 당신 탓은 아니다. 하지만 그게 아니라면 당신 탓이다. 당신이 지금 그저 가난하다거나 좌절한 상황이라면, 정신 차려라. 더 이상 끔찍하게 살고 싶지 않다면 무엇 때문이든 그만 탓하라. 거울을 보라. 그 속에서 당신을 쳐다보는 불평만 하는 겁쟁이를 탓해야 한다.

초보자가
통제권을 쥐는 방법

대놓고 말하겠다. 당신의 인생은 아마 실망으로 가득할 것이다. 원하는 만큼 돈도 벌지 못했고, 어느 꿈 하나 이루지 못했으며, 친구와 가족을 빼면 당신은 그 누구에게도 정말 중요한 사람은 아니다. 당신은 일하는 곳에서 호감을 살 수는 있겠지만 결국 즉각 대체될 수 있는 돈 버는 직원 한 명에 불과하다. 당신은 돈을 벌기 위해 필요한 교육도 훈련도 받지 않았다. 동기도 없고, 그 밖에 필요한 무엇도 갖춘 것이 없다. 당신에게는 기회가 한 번도 찾아온 적이 없고 세상은 그저 불공평하다. 어쩌면 당신은 노력했지만 '통제할 수 없는' 어떤 이유들 때문에 실패했을 수도 있다. 만일 어떤 성공한 아무개에게 있는 것이 당신에게도 있다면 당신도 성공할 수 있다. 하지만 없으니 당신은 성공할 수 없다.

당신이 성공하지 못한 것은 모두 당신 탓이다. 반대로 이 말은 당신이 변할 수 있다는 말로 바꿀 수 있다. 당신은 삶의 몇몇 영역에서 나쁜 경우의 수만 당첨됐을 수도 있다. 하지만 당신이 이길 때까지 주사위 던지는 것을 막는 것은 무엇도 없다. 지금 당신이 인생에서 원하는 것과 그것을 이루지 못한 이유들을 목록으로 작성하라. 해 봐라. 당장 시작하라. 그 목록에서 원하는 바를 이루지 못한 이유를 살펴보라. 인생에서 원하는 것을 얻으려면 실패의 원인으로 지목하는 일이나 사람 또는 상황에서 당신의 인생을 되찾아야 한다. 예를 들어 당신은 큰 사업을 하고 싶다고 적었을 수 있다. 하지만 일과 가정 때문에 시간이 없지는 않은가? 당신은 이 상황을 어떻게 바꿀 수 있을까?

- 직장을 그만둔다.
- 소비를 대폭 줄인다.
- 밤에 가족들이 잠자리에 든 이후 일한다.
- 일할 시간과 목표를 엄격하게 설정한다. 가령 한 달에 3천 달러를 벌기 전까지는 밤에 3시간 동안 일하고, 이 목표를 달성하면 직장을 그만두고 더 많은 시간을 사업에 쏟는다.

잠시 못마땅한 소리를 하자. 나는 사업하기를 원하는 사람들이 돈이 많이 드는 생활 때문에 직장을 그만두지 못하는 상황을 항상 본다. 이런 사람들에게 하고 싶은 말이 있다. 일단 값싼 집을 얻어 살고, 싸고 낡은 차로 바꿔라. 한 달에 600달러로도 살 수 있다. 당신이 인생에서 아주 큰 변화를 원한다면 지금의 생활 수준을 유지해서는 안 된다. 당신에게 가족이나 학자금 대출이 있으면 돈이 아주 많이 들겠지만, 줄일 수 있는 비용이 분명 있다. 식비를 줄이고, 외식을 하지 말고, 새 옷을 사지 말고, 넷플릭스를 해지하라.

원래 하던 이야기로 돌아가자. 원하는 것을 갖지 못한 이유들을 작성하고 실제로 해결하는 데 집중하라. 그럼 더 이상 그것들을 탓하는 일도 없어진다. 당신이 시간이 없는 이유는 시간 관리를 끔찍하게 하는 당신 탓이다. 원하는 것을 얻으려면 시간 관리 문제를 해결하면 된다. 다른 탓으로 돌렸던 문제는 이제 당신의 사고 과정과 행동에서의 몇 가지 변화만으로 해결할 수 있게 됐다.

베테랑이 통제권을 쥐는 방법

어느 정도 성공을 거둔 사람이라면 안 좋은 일도 발생하기 마련이라는 사실을 이미 받아들였을 것이다. 이는 그저 넋 놓고 있으라는 의미가 아니다. 문제가 발생하기 전에 예방하라는 뜻이다. 왜냐하면 모두 당신이 통제할 수 있는 문제들이기 때문이다. 사업이 잘 돌아가도록 스스로 통제할 것들을 주도적으로 찾아야 한다. 이를 실천하는 최선의 방법은 3단계를 따르는 것이다.

1단계: 당신의 사업에서 발생했고 발생할 수 있는 모든 문제를 찾아라. 그리고 목록으로 만들어라. 여러 차례 확인하고 발생할 모든 실수를 머릿속에 확실히 숙지하라.

2단계: 당신의 능력으로 할 수 있는 문제의 해결책을 찾는다. 일주일에 한 번씩 지원 담당자의 메시지를 확인하거나 하찮은 소송으로 이어지지 않도록 서비스 이용 약관을 더 명확하게 추가하는 것같이 간단한 일일 수도 있다. 일부 문제는 해결책을 못 찾겠다면 3단계로 넘어가라.

3단계: 업계에서 몇 보 앞선 사람들의 이야기를 들어라. 당신이 이미 발견한 문제들을 해결하는 방법, 당신은 아직 발견하지 못했지만 그들이 직면했던 큰 문제들을 물어라. 미처 몰랐던 수많은 문제를 이야기할 확률이 아주 높다. 소송, 웹사이트 오류, 보안 누설, 값비싼 대가를 치러야 할 실수 등 업계에서 흔히 발생하는 큰 문제들도 피할 수 있을 것이다. 아무리 선견지명이 뛰어난 사람일지라도 미래를 예측할 수는 없다.

도움을 구하지 않는 것은 미래를 운에 맡기는 것이다. 사소한 문제들이 모두 당신을 무너뜨릴 수도 있다. 그럼 모두 당신의 잘못이다. 문제를 고치고, 바꾸고, 예방할 책임도 당신에게 있다. 언제든지 실패와 불의의 사고에 다른 누군가를 탓하기로 마음먹을 수도 있다. 사회적 관점에서는 그 생각이 옳을지도 모른다. 친구나 동료도 '아, 이런저런 것들만 없으면 네 인생은 정말 끝내줄 텐데'라고 말하며 동조할 수도 있다. 하지만 그 '이런저런' 것들이 비난은 받을지언정 당신이 겪는 손실의 대가를 치르지 않는다는 것이다. 당신이 미래를 통제할 유일한 방법은 이런저런 것에서 통제권을 모두 가져와 쥐는 것이다. 그것이 공정하든 그렇지 않든 말이다. 그 짐이 무거울 수도, 자신을 꽤 많이 탓해야 할 수도 있다. 하지만 훗날 당신은 총알이 발사되기 전에 무수히 많은 총알을 피한 사람이 돼 있을 것이다.

다섯 번째

부자는
항상 여유롭다

차분하고 태연하게
행동하라

■■■■■■■■■■■■ 　내가 군대를 나와 제일 먼저 했던 일은 연애 코치 사업이었다. 그것은 정말 배워서 써먹을 수 있는 실질적인 기술이었다. 더욱이 멋진 것은 누구든지 사교적으로 바꿀 수 있었다. 나는 한때 심각할 정도로 내성적이었다. 하지만 사회 역학을 배우고 실천하면서 사회적으로 유능한 사람이 되는 법을 터득했다. 그래서 거의 모든 사회적인 상황에서 성공 확률을 아주 크게 높이는 법을 알게 됐다. 나는 두 사람이 상호 작용하는 모습을 보면 무엇이 잘못됐는지 설명할 수 있다. 또 어떻게 하면 그 상황을 개선할 수 있는지도 안다. 수년 동안 연애하는 법을 실천하고 가르치면서 나는 '작업' 성공에 큰 영향을 미치는 요소 하나를 발견했다. 그리고 그 요소가 비즈니스를 비롯해 어떤 영역에서든 아주 중요하다는 것을 알았다.

당신의 사고방식을 구성하는 여러 가지 요소 중 이것은 매우 중요하다. 이 요소가 없으면 남녀는 늘 이성의 마음을 끄는 문제로 씨름할 것이고, 사업가는 늘 돈 버는 문제로 씨름할 것이다.

이것은 무엇일까? 바로 '여유로운 마음'이다.

통념과는 달리 사람들이 당신을 어떻게 생각하는지는 당신이 하는 말이 아니라 어떻게 행동하느냐에 달려 있다. 그리고 당신의 행동은 당신이 돈을 벌고 성공할 수 있는지를 결정한다. 행동은 사고방식과 믿음이 통제한다는 것을 떠올려라. '작업' 성공은 실제로 그 사람의 사고방식과 믿음에 근거한다.

술집에서 여자에게 작업을 걸었다가 비참하게 실패한 남자를 본 적이 있는가? 물론 있을 것이다. 전 세계 모든 술집에서 15초마다 한 번 꼴로 일어나는 일이다. 나는 이와 관련해 남성들에게 끊임없이 코치를 했었는데, 당시 그들이 가진 가장 큰 문제는 여유롭지 않은 마음이었다. 편협한 시야에서 벗어나지 못해 모든 여자를 지구에 남은 마지막 여자처럼 생각했다. 그들은 몹시 긴장했고 아주 어색하게 행동했다. 그 남자들은 여자와 대화할 때마다 계속 자신의 생각에만 빠져 있었다. 여자가 자신을 어떻게 생각할지, 다음에는 무슨 말을 할지, 방금 던진 질문이 바보 같지는 않았는지 걱정했다. 머릿속에 그런 생각만 가득해서 시시한 대화만 이어나갔다. 결국 수다스러운 평범한 남자에서 불안에 떠는 짜증 나는 사회 부적응자가 됐다.

술집에서 여성에게 접근하는 남성들을 살펴보라. 대부분은 매력적인 이성 앞에서 속수무책으로 무너진다. 그렇지 않으면 터무니없이 술에 취해 근거 없는 자신감을 내뿜는다. 왜 이런 일이 벌어질까? 그 남자들은 자신이 여유롭다고 생각하지 않기 때문이다.

하지만 자신감 넘치는 남자도 많다. 다음에 술집에 가면 매력적인 여성들에게 끊임없이 말을 거는 남자들을 몇 명 찾아보기를 바란다. 그런 남자들이 다가가자마자 미소 짓는 여자들도 잘 살펴라. 당신은 아마 그 남자들이 전혀 긴장하지 않은 것을 알아챌 것이다. 그들은 침착하고 자신감 넘친다. 그리고 대개는 그 여자들이 자신을 좋아하든 말든 관심이 없듯이 보인다는 것도 알게 될 것이다.

오해하지는 마라. 그 남자들도 관심 있는 여자가 자신에게 관심을 주는 편이 더 좋을 것이다. 하지만 그들은 그저 그 순간을 즐기고 있다. 그들은 무슨 말을 할지 생각하느라 전전긍긍하지 않는다. 상대방도 자기를 좋아해 주지 않을까 봐 겁먹지 않았기 때문이다. 세상에 여자는 많다. 지금 여자가 당신이 던진 말을 좋아하지 않는다면 당신과 맞지 않는 사람이다. 여유로운 사람은 이런 사고방식으로 생각을 솔직하게 표현하고, 대화하고, 소통하는 순간을 즐긴다. 그리고 보통 여자들은 그것을 아주 매력적으로 생각한다. 필사적으로 구애하면서 긴장하고 어색하게 행동하는 사람이 아니라 침착하고 행복한 사람과의 대화가 더욱 매력적이다.

어떤 남자는 여자들과 함께할 때 얼어붙는데, 왜 어떤 남자는 자신감 있게 행동할 수 있을까? 답은 간단한다. 차분하고 태연한 남자는 여유롭다. 어떤 여자가 자신을 안 좋아하면 다른 여자를 찾을 것이다. 전혀 큰일이 아니다. 이런 사고 프로세스 덕분에 그 남자는 본연의 모습으로 자연스럽게 행동하고 이성과의 시간을 즐길 수 있다.

반면 어색하게 행동하는 남자는 여자에게 거절당할까 불안해져서 긴장한다. 그는 한 번 거절당하면 세상이 끝난다고 믿는다. 그래서 아주 어색하게 행동하고 필사적으로 들이대고 애정에 굶주린 것처럼 행동하거나 수줍어한다. 만난 지 30초 만에 흥미가 떨어지는 사람이 되는 것이다.

이 차이는 하나의 단순한 믿음 때문이다. 긴장한 남자는 세상에 여자는 한정돼 있다고 생각하고, 침착한 남자는 세상에 여자는 많다는 것을 알고 있다. 만일 어떤 사람이 자신이 이성을 대하는 데 능숙하고 세상에 자신을 좋아해 줄 사람은 수없이 많다고 믿는다면 그는 대개 이성과 성공적으로 만날 수 있다. 그러나 자신이 이성을 대하는 데 서툴고, 자신을 진심으로 좋아해 줄 사람이 별로 없다고 믿는다면, 대개 만남에 실패한다.

여유로운 자에게
돈이 붙는다

■■■■■■■■■■■ 　　여유로운 믿음은 돈과 돈을 쉽게 벌 수 있는 방법에도 적용된다. 우선 보편적 사실을 공유하고 싶다. 돈은 궁핍한 사고방식을 가진 사람을 거부한다. 돈을 많이 버는 일을 혼란스럽고 통제할 수 없는 일로 생각하고, 자신의 상황을 변명하면서 마냥 불가능하다고 여기는 사람은 더 많은 돈을 벌기가 힘들다. 이성이 자신을 좋아하게 만드는 일이 마냥 어렵고 자신의 상황을 변명하면서 연애는 불가능하다고 여기는 사람이 항상 혼자인 것처럼 말이다.

반대로 여유로운 사고방식을 가진 사람들은 꽃에 벌이 잔뜩 꼬이듯 돈을 끌어당긴다. 이런 사람들은 자신이 벌 수 있는 돈이 무한하고 일만 열심히 하면 쉽게 그 돈을 벌 수 있다고 생각한다. 부자가 되기까지 우여곡절을 겪겠지만 결국 돈이 항상 그들을 찾아갈 것이다.

이는 왜 부자들은 더 부자가 되고 가난한 사람들은 계속 가난하게 살게 되는지 보여 준다. 또한 정말로 억만장자가 될 수 있다고 믿는 가난한 사람들이 어느 정도 부자가 되거나 최소한 빈곤층에서 벗어나는 이유를 보여 준다. 이제 여유로운 사고가 결여됐을 때 부자가 되는 능력이 어떻게 저해되는지 분석하자.

궁핍한 사고방식

궁핍한 사고방식을 가진 사람은 위험하다고 여기는 일은 어떤 것도 절대 감수하지 않는다. 이런 사람은 괜찮은 대학에 들어가 안정적인 일자리를 얻고 죽을 때까지 돈을 아낀다. 앞서 이야기했듯이 이는 아주 불안한 위험이다. 하지만 이 전형적인 인생이 위험하다는 사실을 아무도 깨닫지 못해서 사람들은 대부분 이렇게 산다. 그럼 찢어지게 가난해지지는 않지만 절대 부자가 되지도 못한다. 어떤 위험도 떠안지 않기 때문이다. 결국 대단하지도, 기억에 남지도 않는 인생이 될 것이다. 그들은 자신이 벌 돈에 한계를 설정한다. 어떤 위험을 만나기만 하면 가난해질 것이라고 생각해서 평생을 똑같은 수준에 머문다. 그런데 언제는 남들이 하는 대로 해서 놀랄 만한 결과를 얻은 적이 있는가? 이런 사고로는 당신은 계속 가난하게 살거나, 기껏해야 평범하게 살 것이다.

심각하게 궁핍한 사고방식

위험을 절대 떠안지 않는 사람은 위험하다고 여기는 일은 절대 안

하겠지만 시도는 해 본다. 단지 지나친 부담감을 느끼고 부정적인 결과에만 집중하다 보니 거의 성공하지 못하는 것뿐이다. 하지만 지켜만 보고 행동하지 않는 사람의 사고방식은 심각하게 궁핍해서 어떤 시도도 하지 않는다. 이런 사람은 항상 가난하다. 돈이란 자신의 뜻대로 벌 수 있는 것이 아니라고 생각하기 때문에 절대 목표를 세우지 않는다.

이것은 첫 번째와는 다른 궁핍한 사고방식이다. 이 사람들도 부자가 될 수 없다. 자신이 부자가 될 수 있다고 믿지 않기 때문에 시도조차 하지 않기 때문이다. 다른 사람들이 부자가 되는 것을 지켜보지만 자신은 영원히 평범하거나 그보다도 못한 상태에 머물 것이다.

여유로운 사고방식

이 유형의 사람은 스무 번을 실패해도 또 시도한다. 그래서 스물한 번째 시도에서 결국 부자가 된다. 이들은 딱 한 번만 성공하면 된다. 월마트의 창업자인 샘 월튼이 바로 이 유형이다. 그는 60대에 월마트를 만든 아이디어로 결국 성공했다.

이런 여유로운 사고방식은 위험률이 높다. 하지만 충분히 많이 시도하면 결국에는 만족할 만한 결과를 얻게 될 것이다. 그리고 점점 성공에 필요한 올바른 선택을 할 것이다. 분별없이 들이대는 사람과 마찬가지로 당신도 셀 수 없이 시도할 수 있다. 그래 봤자 당신이 겪을 수 있는 최악의 상황은 사업에 실패하고 파산하는 것이다. 실패했을 때에는 새로운 사업을 구축하는 동안 일을 병행하면서 또다시 시도하면 된다.

사업에 실패한다고 사형수가 되는 것이 아니다. 그저 잠시 신용도가 낮아지고 가난해지는 것이다. 하지만 아는가? 당신은 이미 가난하다는 것을? 지금 당신이 현금으로 페라리를 살 수 없다면, 또는 앞으로 4시간 이내에 케이맨 제도 행 비행기에 오를 수 없다면 당신은 원하는 정도의 부자는 아닌 것이다. 당신은 움직이지 못할 상황에 있지도 않으면서 여전히 꼼짝도 않는다.

이 모든 유형이 특히 사업 초보자에게는 극단적으로 들릴 수도 있다. 하지만 부의 세계에서 성공하려면 당신은 사고방식이 극단적이어야 한다. 성공에 모든 것을 걸고 싶지 않다면 당신은 성공이 그 정도로 간절하지는 않은 것이다. 누누이 말했지만 그 정도로 간절하지 않으면 절대 성공할 수 없다.

여유롭게 사고하되 당신이 결국 성공한다고 믿어라. 실제로 이 생각이 당신을 어떻게 성공으로 이끄는지 알게 될 것이다. 중요한 것은 당신은 매번 실수하면서 배운다는 점이다. 그러다 같은 실수를 반복하지 않게 될 것이며, 또 다른 시도를 할 때마다 성공할 가능성을 높이고 마침내 돈에 가장 영향력 있는 사람이 될 것이다.

매우 여유로운 사고 방식

매우 여유롭게 사고하는 유형은 노력할 필요가 없다. 자신이 일을 잘한다는 것을 알고 자신감이 충만하다. 게다가 계산된 위험을 기꺼이 떠안는다. 내가 아는 사업가들은 모두 자신이 돈을 무제한으로 벌수 있다고 믿으며 세상에 돈이 무한하다고 믿는다. 그들은 돈이 어떻게 작동하는지, 또 본질적으로 돈이 어떤 사람을 좋아하는지를 알고 있다. 내 목표는 이 책이 끝날 때쯤 당신도 그런 경지에 이르도록 만드는 것이다.

이 장에서는 일단 당신이 돈에 관해 알아야 할 모두를 이해하고 난 뒤에 여유로운 사고방식을 가져야 한다는 것이 핵심이다. 그래야 당신이 돈을 많이 벌기 위해 감수해야 할 위험을 떠안게 된다. 내 친구들 중에는 거의 항상 주식 시장을 예측하면서도 여전히 책상 앞에 앉아 일하는 이들이 있다. 그들이 직장을 그만두고 주식 시장에 투자하는 위험을 감수했다면 어땠을까? 어떻게 써야 할지 모를 정도로 많은 돈을 벌었을 것이다. 하지만 단지 여유롭게 사고하지 않기 때문에 그들은 그렇게 하지 못한다. 많은 사람이 일반적으로 변화를 두려워한다. 어리석지 않은가? 변화 이후에 성공 가능성이 더 높아지는데도 불구하고?

초보자가 여유로워지는 방법

인생의 다른 부분과 마찬가지로 믿음과 결부된 것을 경험해 보지 않고 믿음만 갖기란 어렵다. 즉 실제로 여유로움을 경험하지 않고 그런 사고방식을 갖기란 어렵다. 그러나 여유로우려면 먼저 여유로움을을 가져야 한다! 이 점이 다소 딜레마다. 때문에 우리는 근본적인 믿음을 바꿔서 우리가 지금 여유롭다고 생각하도록 뇌를 속여야 한다.

여유로운 사고방식은 재산이나 소비와는 아무런 관련이 없다. 당신은 찢어지게 가난할 수도 있지만 여유로운 사고방식을 완전히 자신의 것으로 만들 수 있다. 그 생각은 결국 당신이 부자가 될 행동을 하도록 이끌 것이다. 이는 돈이 많고 적고의 문제가 아니기 때문이다. 돈을 더 많이 버는 방법이 항상 존재하는 것을 아느냐의 문제다.

당신이 돈이 유한하다고 생각하면 현명하게 절약하고 사용하는 방법에만 초점을 맞추게 된다. 그럼 돈이 명령에 따라 창출될 수 있다고 믿지 못하는 사고방식을 갖게 된다. 9시부터 18시까지 원치 않는 직장에서 일하면서도 그만두지 못하는 사람들이 전형적으로 이렇다. 당신의 생각은 모두 부정적으로 인식되는 위험을 피하고 돈을 절약하는 일에 관한 것이다. 그런 생각은 당연히 당신이 좋은 결과를 향해 앞으로 나아가는 것을 방해한다.

나도 제대 후 처음 검색 엔진 최적화 사업을 시작했을 때 돈이 별로 없었다. 그래서 인터넷 마케팅으로 떼돈을 번 사람들과 만나고 대화했다. 그저 그런 사람들과 만나 이야기하는 것만으로 나도 인터넷 마케팅 사업에서 성공할 수 있겠다는 믿음을 얻을 수 있었다. 그들도 나와 다르지 않았기 때문이다. 그들이 할 수 있다면 나도 할 수 있었다. 덕분에 나는 분수에 맞게 살면서 소득을 유지하는 데 집중하지 않게 됐다. 대신 스스로 돈을 벌 기회를 가능한 많이 얻는 데 집중했다. 나는 대학가의 아주 값싼 방을 찾아 세 들어 살고 매일 아침 돈 벌 궁리만 하며 잠에서 깼다. 나는 돈을 절약하는 데에는 집중하지 않았다. 절약은 여유로움과는 대치되기 때문이다.

여기에서 당신이 얻어야 할 교훈은 이것이다. 나는 세상에 돈이 넘쳐난다는 것을 알았기 때문에 오직 돈을 버는 일에만 집중했다. 그 덕분에 지금의 나를 만든 행동을 할 수 있었다. 그러므로 여유로움을 갖고 싶을 때 제일 좋은 시작은 머릿속으로 당신이 사업에 성공만 하면 현금화할 수 있는 100만 달러짜리 수표를 자신에게 쓰는 것이다. 그리고 사업에 투자할지 돈을 절약할지 결정해야 할 때가 오면 언제나 당신에게 생길 100만 달러를 기억하라.

100만 달러 수표를 현금화한다고 생각하면, 소프트웨어나 학습 도구를 사거나 웹 사이트 교정 업무를 할 프리랜서를 쓰는 데 50달러나 1,000달러쯤은 우습게 느껴질 것이다. 월마트에서 쿠폰을 사용해 50센트라도 아껴 볼까 걱정하지 말고 매일 순 자산을 1만 달러씩 늘리는 방법에 집중해야 한다.

언젠가 100만 달러가 생기리라는 것을 아니까 애인에게 3,000달러짜리 시계나 핸드백을 사 주라는 말이 아니다. 내 말은 당신의 사업을 키우기 위해, 기본적인 생활비에 필요한 돈을 쓰는 것을 너무 염려하지 말라는 것이다. 소비 그 자체를 위한 소비는 하지 말고, 걱정 그 자체를 위한 걱정은 하지 마라. 동전 한 푼에까지 걱정하고 스트레스 받지 말고 당신이 할 수 있는 만큼만 절약하라. 그리고 관심의 초점을 '이미 모은 돈을 절약하는 법'에서 '오늘 돈을 더 많이 버는 방법'으로 돌려라. 또한 돈을 똑똑하게 쓰는 법을 배우고 더 많은 돈을 번다고 믿어야 한다. 현실 보전에만 집중해서는 절대 확장할 수 없다.

베테랑이 여유로워지는 방법

사업가들이 돈을 벌기 시작하고 부딪히는 가장 큰 어려움은 돈을 현명하게 사용하는 법을 몰라서 빠르게 정체기에 이른다는 것이다. 그들은 돈은 있지만 가능한 적게 쓰려고 노력한다. 하지만 그냥 소비와 투자는 다르다.

사업에서 가능한 대로 저렴하게 일하고 똑똑하게 지출하는 것은 훌륭한 일이다. 하지만 두려움 때문에 돈을 쌓아 두기만 하면 사업과 정신 건강에 심각한 악영향을 끼친다. 나는 때때로 곧 수백만 달러를 벌 것 같은 사업가들을 본다. 그런데 그들은 무서워서 직원을 고용하거나 광고에 돈을 쓰려 하지 않는다. 곧 다시 엄청난 돈을 벌 수 있다고 온갖 통계적 증거를 갖다 대도, 그들은 자신이 버는 돈 한 푼 한 푼을 마치 마지막으로 구경하게 될 돈처럼 움켜쥔다.

인생과 마찬가지로 사업에서도 당신이 똑같은 일만 반복하면 변화나 성장은 없을 것이다. 극적으로 행동하지 않으면서 결과가 극적으로 바뀌기를 기대하지 마라. 사업 투자에 이만큼 정확히 들어맞는 말도 없다. 내가 해 줄 최선의 조언은 싹이 보이는 몇 가지 분야를 발견하고, 자신의 역량을 입증해 수익을 거둘 방법을 찾으라는 것이다. 사업을 확장할 수 있는 방향으로 지출하는 방법들을 찾아라. 그럼 당신은 사업이 놀라운 속도로 성장하는 것을 보게 될 것이다.

많은 사업가가 시작할 때는 여유롭게 생각하지만 잃을 것이 생기자마자 위축된다. 이런 사업가가 돼서는 안 된다. 결국 경쟁자에게 따라잡힐 것이고, 투자가 형편없어질 것이고, 사업이 곧 무너질 것이기 때문이다. 당신은 인생에서 부족함을 느낄 때마다 확장할 방법을 찾아야 한다. 삶에서 여유로움을 계속 유지하고, 그것을 계속 입증해야 한다. 가장 좋은 방법은 당신의 사업을 확장하고, 더 많은 부를 창출하기 위해 가능한 일은 무엇이든 하는 것이다.

비즈니스는 때로 지뢰밭이 될 수도 있다. 하지만 당신이 무슨 일이 벌어질까 두려워 지뢰밭을 건너지 않는다면 지뢰밭 건너편에서 얻을 기회는 영영 사라진다. 트래픽 파이터들은 나중을 위해 돈을 벌어서 한 푼이라도 모으는데 초점을 맞추지만, 똑똑한 사업가들은 미래에 투자한 1달러당 10달러를 벌 수 있도록 필요한 돈을 모두 사용하는 데 초점을 맞춘다. 세상에는 무한한 돈이 있다. 당신은 그 돈을 얻기 위해 무한한 행동을 취할 수 있다. 당신의 행동을 멈추게 만드는 것은 궁핍한 사고방식뿐이다. 그 생각과 싸워라.

여섯 번째

부자는
현재에 집중한다

눈앞의
문제만 보라

■■■■■■■■■■■■   벤과 로이는 어느 자동차 판매 대리점에서 같은 날부터 일하기 시작했다. 두 사람은 놀라울 만치 비슷했다. 특히 교육 수준과 배경, 은행 잔고가 완전히 똑같았다. 두 사람이 유일하게 다른 점은 벤은 항상 문제를 가정했고, 로이는 현재의 문제에만 집중했다는 것이다.

일을 시작한 첫날, 벤은 온종일 다른 판매원들을 관찰하고 판매에 관한 책을 읽는 데 시간을 쏟았다. 벤은 자신이 문제를 일으킬까 봐 두려웠다. 그래서 손님과 대화해 보지도 않고 그 전에 발생할 수 있는 모든 상황에 잘 대처할 수 있기만을 바랐다. 반면 로이는 자신 앞에 놓인 한 가지 문제를 깨달았다. '손님이 자동차를 사게 만들어야 한다'였다. 그래서 로이는 첫날부터 온종일 손님에게 구매를 부추겼다. 그는 곧 자신이 아주 형편없는 판매원임을 알았다. 손님들이 자신의 세일즈 피치에 반응하지 않는다는 것을 깨달았다. 그날 밤 로이는 집으로 돌아가 자신이 무엇을 잘못했고 또 어떻게 고칠 수 있는지 알아내기 위해 구글에 몇 시간동안 검색했다.

첫날 두 사람 모두 자동차를 한 대도 팔지 못했다.

다음 날 벤은 다른 지역의 판매원이 결함이 있는 차를 팔았다가 고소당했다는 뉴스를 봤다. 사장은 대리점에 결함이 있는 차는 없다며 벤을 안심시켰다. 하지만 그는 자신도 똑같은 문제로 고소당할까 봐 걱정했다. 벤은 그 뉴스에 온통 정신이 쏠려 둘째 날은 자동차 결함에 대해 배우고 자기가 맡은 구역의 차들에 결함은 없는지 전부 조사하며 하루를 다 보냈다.

한편 로이는 자신의 유일한 문제인 자동차 판매에만 관심과 노력을 쏟았다. 그는 지난밤에 세일즈 피치를 효과적으로 바꿀 비결을 조사해서 배웠다. 덕분에 로이는 그날 아침에 차 한 대를 팔 수 있었다. 두 대를 더 팔 뻔했지만 협상을 하다 손님들을 놓쳤다. 로이는 자신이 해결할 새로운 문제가 협상이라는 것을 알았다. 로이는 일을 마치고 집에 돌아가 협상하는 법을 배우는 데 집중했다.

둘째 날, 벤은 차를 한 대도 못 팔았고, 로이는 한 대를 팔았다.

다음 날 벤이 로이에게 말을 걸었을 때 로이는 협상이 골칫거리라고 했다. 그때까지도 벤은 단 한 명의 손님과도 대화하지 않았다. 하지만 어떤 행동이든 하기 전에 일단 협상하는 법부터 배워야겠다고 결심했다. 그날 벤은 또 하루 종일 대리점을 돌아다니며 다른 판매원들에게 협상하는 법을 물었다.

반면 로이는 훌륭하게 세일즈 피치를 하고, 또 손님과 협상할 때 가죽 시트 가격을 할인해 주면 판매 확률이 높아지는 것을 알게 된 덕분에 차 네 대를 팔 수 있었다.

셋째 날 벤은 여전히 한 대도 팔지 못했고, 로이는 네 대를 팔았다.

다음 날, 로이에게 전날 차를 산 손님이 화가 나서 찾아왔다. 로이가 차를 파는 데만 급급해서 차량의 세부 사항을 잘못 설명한 것이다. 로이는 손님에게 사과하고 환불해 줬다. 이 모습을 보고 벤은 자신에게도 같은 일이 벌어질까 두려워 그날은 온종일 대리점에 있는 모든 차량의 세부 사항을 암기하는 데 시간을 쏟았다.

벤이 차량의 세부 사항을 암기하는 동안 로이는 자신에게 닥친 문제를 해결한 뒤 전날과 똑같이 판매했다. 덕분에 로이는 6대를 팔 수 있었다.

넷째 날, 벤은 한 대도 팔지 못했고, 로이는 6대를 팔았다.

닷샛날, 벤과 로이는 대리점 사장의 사무실로 불려 갔다. 당시 로이는 실수는 좀 했지만, 11대의 차를 판 상태였다. 게다가 문제를 직접 처리했기 때문에 실수했을 때 해결하는 법도 알고 있었다. 반면 벤은 실수는 전혀 하지 않았지만, 차도 전혀 팔지 못했다. 벤은 문제를 해결하는 법은 많이 알고 있었다. 실제로 필요한 조치와 관련해서는 경험이 전혀 없었지만 말이다.

사장은 로이에게 보너스 봉투를 건넸다. 판매 실적에도 고마워했다. 또 지금까지 대리점에서 일한 사람 중 가장 일을 잘하는 판매 사원이라고 말했다. 그리고 나서 사장은 벤을 쳐다보며 말했다.

"벤, 우리에게는 판매 실적을 올릴 사람이 필요해요. 왜 이번 주에 단 한 대도 팔지 못한 거죠?"

벤이 대답했다.

"저도 제가 한 대도 팔지 못한 걸 알아요. 하지만 손님들께 아무 실수도 안 하도록 일단 대비하고 싶었어요. 다른 판매원들이 화가 난 손님 때문에, 차량의 세부 사항을 깜빡해서, 또 소송 때문에 곤란을 겪는 걸 봤어요. 저는 그런 문제들이 발생하기 전에 확실히 예방하고 싶었습니다."

그러자 사장이 이렇게 대답했다.

"벤, 당신이 지금껏 제기한 문제들은 전혀 걱정할 필요가 없었어요. 가끔 손님들이 화가 나서 찾아오는 건 당연한 일이에요. 우리는 한 번도 자동차 결함으로 고소당한 적도 없고요. 당신이 집중할 것은 일어날 수도 있는 문제들이 아니라, 무엇이든 현재 눈앞에 놓인 문제입니다. 지금 당장은 차를 파는 일이 되겠네요. 오늘 차를 한 대도 팔지 못하면, 당신을 해고할 수밖에 없어요."

그날 내내 벤은 차를 팔려고 노력했지만, 로이가 첫날 겪었듯이 똑같은 현실의 문제에 부딪혔다. 구매를 권유하는 기술이 없었기 때문이다. 이는 벤이 가장 시급한 문제를 해결할 수 없다는 것, 즉 차를 한 대도 팔 수 없음을 의미했다. 퇴근 무렵 벤은 실적 부진으로 해고당했다. 반면 로이는 그날 7대를 더 팔았다. 그리고 한 달도 안돼서 대리점에서 가장 잘나가는 판매 사원이 됐다. 매일 당면한 문제에만 집중해서 해결할 방법을 알아냈기 때문이다. 그달 말에 로이는 대리점에서 가장 효과적인 세일즈 피치를 하게 됐다. 그때까지 몇 가지 큰 실수를 했지만, 그는 실수들로 문제를 해결하는 법을 배울 수 있었다.

배경이 똑같은 두 사람에게 똑같은 업무를 줬는데 왜 벤은 실패하고 로이는 성공했을까? 아주 단순한 이유다. 로이는 일단 행동하고 문제가 생기면 그것을 해결했고, 벤은 행동은 거의 하지 않고 오로지 가상의 문제들에만 집중했다. 벤은 완벽증에 빠졌다. 그래서 앞으로 나아갈 수도, 성공할 수도 없었다.

생각만 하지 말고 행동하라

당신이 목표를 달성하기 위해서는 일련의 단계를 밟아야 한다. 그 단계들을 밟아 나가며 당신은 문제에 부딪힐 수밖에 없다. 그러나 무엇을 배우는 데 가장 좋은 방법은 직접 경험하는 것이다. 잠재적 문제를 정확히 예측하고 예방할 방법은 존재할 수 없다. 설령 그렇게 할 수 있어도, 직접 경험해 보기 전에 맞닥뜨린 문제를 정확히 이해하기란 불가능하다. 예를 들어 누군가 당신에게 토스터 고치는 법을 가르쳐 줬다. 그런데 당신은 지금까지 토스터를 쳐다보지도 않았다고 해 보자. 막상 부딪혀 직접 해 보는 것과 밖에서 지켜만 보는 것은 아주 다르다.

일단 필요한 단계를 밟아라. 그럼 당신이 문제라고 생각했던 것들은 실제로 거의 일어나지 않고, 짐작도 못한 다른 상황들이 발목을 잡을 수 있다. 그렇기 때문에 행동으로 옮기기도 전에 모든 잠재적 문제에 계획을 세우는 것은 당신의 성공에 도움이 되지 않는다. 오히려 당신이 목표에 도달하는 데 더 오래 걸리게 만들 뿐이다. 혹은 벤의 경우처럼 목표를 아예 달성하지 못할 수도 있다. 당신이 몸담고 있는 분야나 사업에서 앞으로 나아가고 싶은가? 생각과 계획을 그만 멈추고 행동하라.

지난 몇 년간 나는 수천 명이 온라인 사업을 구축하는 것을 직간접적으로 도왔다. 직접 코칭을 하든 온라인에서 대규모 그룹에게 코칭을 했는데 거기에서 동향을 확실히 파악할 수 있었다. 앞뒤 가리지 않고 행동하는 사람은 대개 성공했다. 처음부터 모든 일을 완벽하게 하려고 지나치게 많이 생각하는 사람들은 대개 성공하지 못했다. 왜일까? 그들은 완벽하지 않다는 이유로 앞으로 나아가지 않으며, 결국 좌절감을 느끼며 포기했기 때문이다.

나는 앞서 당신에게 벌어지는 모든 일에 스스로 책임져야 하며, 상황을 예측하기 위해 최선을 다해야 한다고 이야기했다. 그리고 지금은 모든 일에 균형이 중요하다는 이야기를 하고 있다. 당신은 닥친 상황을 완벽히 통제해야 한다. 하지만 목표를 달성하기 위해 필요한 행동을 하거나 단계를 밟아야 한다. 지나치게 생각만 하면 당신은 완벽증에 빠질 것이다.

완벽증은 당신이 일을 제대로 처리하는 것만 너무 신경 쓰고 걱정해서 벤처럼 앞으로 나아가지 못하는 상황을 이른다. 슛 기술을 익히려고 노력하는 아이스하키 선수를 상상해 보자. 이 선수는 해당 분야의 책과 동영상을 모두 섭렵하고, 지역 하키 동호회에 가입했다. 그러나 조금이라도 진전이 있으려면 하키용 퍽을 날려 봐야 한다. 그가 슛을 하면 퍽이 1,001번쯤은 잘못 나갈 수 있지만, 지금 이 순간 유일한 진짜 문제는 한 번도 슛을 시도해 보지 않았다는 것이다.

그가 슛을 시도하면 자연스럽게 문제가 발생할 것이다. 그때 문제를 해결하면서 배울 기회를 얻을 것이다. 그 후 또 문제가 발생하면 그 문제들 역시 해결하면 된다. 생기지도 않은 문제에 온 신경을 기울이면 당신은 더 많은 스트레스를 받는다. 심지어 목표를 아예 단념하게 될 수도 있다. 발생할 수 있는 모든 문제를 고려하느라 사업을 생각만 하고 시작조차 해 보지 않은 경험이 몇 번이나 있는가?

'파산하면 어쩌지?'

'아무도 내 소프트웨어를 안 사면 어쩌지?'

'유명인사가 내 상품을 사용해 보고 인터넷에 온통 안 좋은 이야기를 퍼트리면 어쩌지?'

힘 빠지는 생각은 하지 마라. 문제가 발생했을 때 문제에 집중하라. 시간과 에너지, 정신적 여유를 더 많이 갖고 실제 발생한 상황과 잠재적으로 발생 가능한 상황을 구분 짓게 될 것이다. 이것이 바로 교육은 거의 안 받았지만 슛을 2천 번 날려 본 선수가 10년을 교육받고도 한 번도 빙판 위에 서 보지 않은 선수보다 더 뛰어난 실력을 드러내는 이유다. 심지어 슛을 2천 번 시도한 선수는 자신이 언제 훈련이 필요하고, 어떤 훈련이 필요한지도 정확히 안다.

그런 일은 절대로 일어나지 않아요

█████████████ 이번에는 내 이야기를 하나 하겠다. 내 첫 사업은 사람들에게 검색 엔진 최적화 비즈니스를 위해 고객을 유치하는 법을 가르치는 것이었다. 내 생각에 이 사업은 가장 수익성이 좋고 쉽다. 사람들을 가르치면서 나는 그들에게 가장 중요하게 배워야 할 것은 판매 기술이며, 판매 기술을 익히는 가장 좋은 방법은 직접 팔아보는 것이라고 말했다. 물론 그들은 자신이 파는 서비스를 제공하는 것에서도 유능해질 필요가 있다. 그러나 아무리 그들이 서비스를 탁월하게 제공할 수 있어도, 파는 방법을 배워서 고객을 유치하기 전까지는 한 푼도 벌 수 없다.

내가 목격한 심각한 문제 중 하나는 완벽에 대한 마비 증상이었다. 사람들은 몇 달을 검색 엔진 최적화 기술을 배우면서 판매에 관해 수 없이 질문했다. 정작 판매를 해 보려고 전화기를 든 적은 한 번도 없었다. 그들은 서비스 제공, 법률 문제, 그 밖의 일어날 법한 모든 문제에 아주 구체적으로 질문을 끊임없이 했다. 그러나 결국 대부분은 돈을 벌지 못했다. '팔아 보라'는 내 조언을 듣지 않았기 때문이다.

내 조언을 잘 따랐던 사람도 있었다. 이름은 코튼 그래머였다. 그는 거의 무일푼 상태인 실업자로 처음 내가 교육하는 그룹에 들어왔다. 그도 한때는 라이브 웨비나와는 상관도 없고 일어날 법하지도 않을 문제들을 질문했었다. 참고로 '웨비나'는 웹과 세미나의 합성어다. 웹 사이트에서의 실시간 프레젠테이션이나 녹화 양방향 멀티미디어를 뜻한다. 그때마다 나는 이렇게 답했다.

"그런 일은 절대로 일어나지 않을 테니 생각하지 마세요. 현재 당면한 문제에만 집중하세요. 지금 당신 앞에 놓인 유일한 문제는 고객을 유치하는 것입니다. 그러니 고객을 유치하세요."

코튼은 이 말을 마음에 새기고 오직 고객을 유치하는 일에만 집중하기 시작했다. 비록 해당 서비스를 제공하는 일에서는 여전히 염려했지만 말이다. 그렇게 석 달 정도를 완전히 집중한 후 코튼은 첫 고객을 맞았다. 이제 코튼의 새로운 문제는 서비스를 제공하는 일이 됐다. 코튼은 그 문제에만 집중했다. 고객에게 원하는 결과를 쥐어 주는 데는 일주일밖에 걸리지 않았다. 처음 판매에 성공한 후 코튼은 '판매 머신'이 됐다. 그는 고객을 계속해서 유치했다. 그리고 자신 앞에 놓인 단 하나의 문제, '서비스 판매와 고객 유치'에서 달인이 됐다. 무일푼, 무직자였던 코튼은 1년도 안 돼 대기업에 검색 엔진 최적화 서비스를 팔며 한 달에 10만 달러 이상 이윤을 냈다. 그로부터 1년 뒤에 코튼은 검색 엔진 최적화 서비스를 판매하며 한 달 수익으로 40만 달러 이상을 벌고 있었다. 또한 역대 최우수 검색 엔진 최적화 서비스 판매원 중 한 명이 됐다.

코튼은 도대체 어떻게 해냈을까? 끊임없이 행동하고 당면한 문제들을 해결해 나갔기 때문이다. 코튼은 발생할 수도 있는 1,001가지 문제가 아니라 당면한 하나의 문제에만 집중했다. 처음 그 문제는 '고객 유치'였다. 첫 고객을 유치한 뒤에는, 새로운 문제인 서비스 제공에 집중했다. 코튼은 오직 당면한 문제에만 집중해서 한 번에 하나씩 각 문제를 해결해 나갔고, 결국 모든 문제를 빠르고 완벽하게 해결할 수 있었다.

혼란을 인식하는 방식을 바꿔라

일어나지도 않은 문제에 대해 괜한 생각을 멈춰라. 현재의 문제에 집중해야 한다. 앞으로 나아가는 것이 가장 중요하지, 어떤 일이 벌어질지 생각하는 것은 당신이 목표를 달성하는 데 도움이 안 된다. 일어나지 않은 문제에 집착하면 걱정과 스트레스를 떨칠 수 없다. 그럼 당신은 계속해서 작고 평온한 컴포트 존에 머물게 된다. 행동해야만 앞으로 나아갈 수 있으며, 문제를 진정하게 이해하는 데 이른다.

우리는 태어나면서부터 '일어날 법한 문제'를 생각하도록 배운다. 실패는 돌이킬 수 없고, 실수는 용납될 수 없다고 믿게 된다. 우리는 어떤 일이든 '한번 해 볼까' 생각할 때 늘 이런 생각을 한다.

'이 일이 맞지 않으면 어쩌지?'

'내가 이 일을 할 수 없으면 어쩌지?'

우리가 문화에서 학습한 것을 고려할 때 이런 생각은 자연스럽다. 하지만 부정적이고 걱정을 일으키는 믿음이 우리를 통제하게 두면, 결국 해고당한 자동차 판매원과 같은 처지에 놓일 것이다.

목표를 달성하려면 머릿속에서 실패와 실수, 혼란을 인식하는 방식을 바꿔야 한다. 지금부터 그 방법을 알아보자. 자동차 판매원의 이야기에서 보았듯, 돈을 버는 데 당신이 할 수 있는 최악의 행동은 실수가 아니다. 아무것도 하지 않는 것이다. 대개 처음부터 일을 제대로 하는 것보다 실수를 하는 것이 장기적으로 훨씬 더 도움이 된다.

'무엇을 배우고 기술을 터득하려면 직접 해 봐야 한다'는 생각이 보편적이다. 그리고 더욱 잘 배우는 방법은 그저 해 보는 것이 아니라 실수를 하는 것이다. 당신은 코딩에 관한 책을 읽을 수 있지만 실제로 코드를 작성해 보기 전에는 전문가가 될 수 없다. 당신이 처음으로 작업한 애플리케이션에서 형편없는 결과를 내 봐야 중요한 교훈을 배울 수 있다.

당신은 종일 벤치에 앉아 하키하는 선수들을 관찰할 수도 있다. 그러나 당신이 빙판에 서기 전에는 하키 실력은 전혀 나아지지 않는다. 부끄러운 실수를 하고 빙판에서 코치에게 호된 질책을 듣기 전까지 당신은 전문가가 될 수 없다. 왜일까? 인간이 학습하기 위해서는 무엇이 옳고 그른지 직접 경험해야 하기 때문이다. 그리고 옳은 방법이든 그른 방법이든 둘 다 당신이 직접 해 보지 않는 한 경험할 수 없다!

앞서 나는 결제 프로세스 담당자의 계정을 확인하지 않아 2만 달러를 손해 봤다는 얘기를 했다. 사업을 하면서 사소한 실수는 여러 차례 있었다. 나는 광고 분야에서 크게 실패하기도 했다. 고객 수천 명이 한꺼번에 몰리면서 판매 페이지가 마비된 적이 있었다. 또 한 번은 온라인으로 청중 앞에서 2시간 동안 생중계로 홍보용 연설을 했는데 연설이 최고조에 이르러서야 판매할 소프트웨어에 신용카드로 결제할 방법이 없음을 깨달았다. 나는 이 실수 때문에 최소 4만 달러는 손해 봤을 것이다. 나는 그 이후로 직접 결제 프로세스를 테스트해 보기 전에는 온라인 행사를 시작하지 않는다.

나도 실수를 하던 때가 있었다. 하지만 그 실수 덕분에 다른 사람들은 결코 얻지 못할 교훈들을 배웠다. 또 그 과정에서 사업의 수익을 서너 배는 더 높일 수 있었다. 본질적으로 내 사업은 실수에서 얻은 교훈을 바탕으로 구축됐다. 대부분의 다른 성공한 사업들도 마찬가지일 것이다. 내 이야기는 실수를 줄이려는 노력을 하지 말라는 게 아니다. 망칠지도 모른다는 두려움이 행동하는 데 방해가 돼서는 안 된다는 말이다. 망칠지도 모른다는 두려움 때문에 내가 프로젝트에 노력을 기울이지 않았다고 상상해 보라. 그랬다면 나는 실수도 안 했을 것이고 사업 성적표에 오점을 남기지 않았을 것이다. 그러나 실수 덕분에 가능했던 성공과 부 또한 결코 달성하지 못했을 것이다.

행동은 거의 항상 실수를 낳는다. 그러나 행동하지 않으면 절대 성공할 수 없다. 실수하지 않고 성공할 가능성은 거의 없다. 내가 당신 머릿속에 주입하려는 가장 큰 교훈은 더 빨리 실수할수록 더 빨리 성공할 수 있다는 것이다. 경험해 보지 않은 분야의 사업을 처음 시작하면, 그야말로 모든 것이 엉망진창인 시기가 찾아온다. 모든 일이 꼬이고, 당신은 속을 까맣게 태우는 끔찍한 실수들을 많이 할 것이다. 그런 실수들 때문에 당신은 쓰러질 수도, 자신이 바보처럼 느껴질 수도, 하던 일을 멈추게 될 수도 있지만 부정적인 생각들에 지지 않도록 최선을 다해야 한다. 당신이 할 일은 아주 많이 행동하고 실수해서, 거기에서 배우고 가능한 빨리 문제를 극복하고 헤쳐 나가는 것이다.

지금부터 당신은 트래픽 파이터처럼 실수를 '행동하지 말아야 할 이유'라고 믿지 마라. '미래에 당신에게 돈을 벌어 줄 교훈'이라고 믿어라.

남은 인생도
가난하게 살 텐가?

■■■■■■■■■■■■   이제는 문제를 염려하는 사고방식을 없애고
현재에 집중하는 사고방식을 가질 수 있는 방법을 알아보자. 행동을
가로막는 문제들을 떠올릴 때마다 스스로 질문을 던져라.

- 내가 목표를 행동으로 옮기지 않으면 어떻게 될까?
- 내가 남은 인생을 가난하게 살면 어떻게 될까?
- 내가 어떤 목표도 달성하지 못하면 어떻게 될까?
- 지긋지긋한 직장에서 30년을 더 일해야 하면 어떻게 될까?
- 내가 가족들을 먹여 살리지 못하면 어떻게 될까?
- 죽을 때 이 모든 일을 후회하면 어떻게 될까?

당신의 사업을 시작하는 데나 부자가 되려는 노력을 가로막는 주범 몇 가지를 떠올려 보자. 그리고 적어 보자. 그리고 앞에서 나열한 질문들을 스스로에게 물어라. 때로는 이 질문들 옆에 당신이 현재 걱정하는 문제들을 적기만 해도 생각이 바뀌기 시작할 것이다. 만일 그렇지 않다면, 일어날 법한 모든 문제에 답을 달아 보자. 예를 들면 이렇다.

현재의 걱정: 첫 사업이 실패하면 어떡하지?

답: 돈을 좀 잃고 시간을 낭비한 것 같은 기분이 들겠지.

더 중요한 걱정: 어떤 목표도 달성하지 못하면 어떡하지?

답: 스스로에게 실망하고, 죽을 때까지 허리띠를 졸라매며 살아야겠지. 게다가 아이들의 대학 등록금도 절대 낼 수 없을 거야.

생각해 보라. 사업을 시작해서 실패할 수 있다는 생각보다 평생을 근근이 살아야 한다는 생각이 훨씬 더 끔찍하지 않은가? 일을 망쳐 고객을 잃는 것이 늙어서 인생을 되돌아봤을 때 시도조차 안 한 것을 후회하기보다 더 겁나는 일인가? 앞으로 2~3년을 성공하기 위해 분투해야 할지도 모른다는 생각이 트래픽 파이터들의 직장에서 10시간씩 30~40년을 일하는 것보다 정말 더 끔찍한가?

나는 나중에 인생을 되돌아보며 중요한 일들을 하지 않아 후회하는 것이 일어나지도 않은 문제들에 대한 걱정보다 두렵다. 그래서 나는 삶 속으로 슬며시 들어 온 사소한 의심들에 지지 않는다.

'사람들이 나를 패배자로 여기면 어떡하지?'

어떤 두려움을 정복하는 유일한 방법은 더 큰 두려움으로 자신에게 동기를 부여하는 것이다. 인생에서 절대 용납할 수 없는 일들을 찾고 그것들을 이용해 현재의 고민을 날려 버려라.

이 방법이 매번 통하는 것은 아니다. 그저 부자가 되기를 바라는 것만으로는 당신이 가진 걱정들을 날려 버릴 수 없다. 인간은 이익을 얻는 일보다 고통을 피하는 일에서 동기가 훨씬 더 크게 부여된다는 사실을 알아야 한다. 현재 당신이 처한 상황이 참을 만하다면 아마 그 상황을 벗어나야만 하는 간절한 동기를 갖지 못할 것이다. 많은 사람이 부자가 되기를 원하면서도 염려하는 문제들에 갇혀 절대 부자가 되지 못하는 것은 그런 이유에서다. 따라서 당신은 잠시 징징거릴 염려를 완전히 무시할 수 있을 만큼 감정적으로 고통스러운 문제를 찾아야 한다.

나는 어릴 때 괴롭힘당했다. 내 일이 참을 수 없이 싫어서 성공하고 싶었다. 주변 사람들은 모두 내가 스스로를 열등하다고 느끼게 만들려고 했다. 하지만 그런 괴롭힘 때문에 나는 실제로 열등감을 느끼는 대신, 더 뛰어난 사람이 되도록 스스로를 몰아붙였다. 내가 그들만큼 똑똑한 것은 물론이고 실제로는 더 똑똑하고 의지가 굳은 사람임을 모두에게 보이고 싶었다. 그들의 면전에 내 성공을 들이밀 수 있도록 성공하고 싶었다. 당시에는 군대에서 하던 끔찍한 일을 계속 해야 한다는 생각만 하면 정말 두려웠다. 그 모든 요인이 합쳐져 나는 엄청난 스트레스를 받았다. 당시 내 걱정은 두 가지였다.

'평생 실패자로 여겨지면 어떡하지?'

'이 일을 평생 해야 하면 어떡하지?'

이 염려들이 당신에게는 유치하게 느껴질 수 있다. 하지만 나에게는 성공하지 않으면 안 될 정도로 화나게 만드는 문제였다.

부자가 되겠다는 한 가지 바람만으로는 당신의 걱정을 절대 날려 버릴 수 없다. '사업을 하지 않으면 어떻게 될까?'라는 염려가 당신에게 고통을 쥐어 줄 수도 있다. 하지만 지금 당신의 상황이 실제로 고통을 야기하지는 않는다. 현재의 삶이 편안한 경우 고통의 가능성은 당신을 열심히 일하도록, 또 성공하도록 몰아붙이지 못한다. 당신은 현재의 삶에서 변화를 일으킬 더 깊은 고통을 발견해 내야 한다.

당신이 현재 삶의 방식을 바꾸지 않는다면, 그래서 현재 소득 수준으로 다니는 직장에 머물고, 현재의 집과 차, 취미, 일과에서 벗어나지 못한다고 가정했을 때 정말 참을 수 없는 것이 무엇일지 생각해 보자. 다른 사람들의 눈에 실패자로 비치는 것일 수도 있다. 혹은 지긋지긋한 직장이나 그저 그런 인생을 참기 힘들 수도 있다. 또는 근근이 하루하루를 살아가는 것이나, 집값 대출금을 못 갚는 것일 수도 있다. 무엇이 됐든 찾아내라. '사업을 하지 않으면 어떻게 될까?' 같은 의미 없는 걱정들이 떠오를 때마다 그것들을 지금 막 찾아낸 정말 고통스러운 미래의 문제들로 염려를 덮어라.

괜히 걱정하는
초보자에게

괜한 걱정은 초보자에게 독이다. 우리는 태어난 순간부터 안전한 길로 가야 한다고 배운다. 살면서 어떤 아이디어가 떠오르든 항상 문제를 가정하며 질문을 던진다. 게다가 우리는 일어나지도 않은 문제가 해결되기 전에는 앞으로 나아가지 말라고도 배운다. 그러나 사실 사회가 말하는 안전한 길은 별로 안전하지 않다. 행동하지 않으면 가난하게 살게 된다. 당신은 부를 창출하는 데 사회가 제시하는 방법을 뛰어넘어야 한다.

나는 대규모 비즈니스 그룹 코칭을 하며 많은 초보자를 도왔었다. 현재는 안 한다. 내가 초보자들을 위해 비즈니스 계획을 완성해 줘도 그들은 계획을 행동으로 옮기지 않고 일어나지도 않을 문제만 만들어 내며 질문만 던지기 때문이다. 더 심각한 점은 그 초보자들은 누군가 자신을 위해 일어나지도 않은 문제를 해결해 주기 전까지 앞으로 나아가지 않는다. 당신은 아마 염려하는 문제만 해결되면 그들이 행동을 개시할 수 있다고 생각할 것이다. 그렇지 않은가? 하지만 아니다. 그들은 또 다른 문제를 가정하며 문제를 제기한다. 이것이 나를 정말 미치게 만든다.

초보자 대부분 미래에 벌어질 수도 있는 문제를 생각하는 데 집중하느라 너무 바쁘다. 그래서 지금 즉시 해야 할 행동에는 집중하지 않는다. 당신이 만일 10초마다 문제를 만들어 내는 일에 집중하는 것을 그만두지 않으면 세상 어떤 전략도 효과가 없을 것이다. 초보자는 목표를 향해 순조롭게 나아갈 시스템을 마련해야 한다. 최종적으로는 성공에 이르기 위해 처음부터 모두 완벽하게 해낼 필요가 없음을 깨달아야 한다.

우선 당신의 '아주 중요하면서 단순한 문제'를 인식해야 한다. 이 문제가 당신이 부자가 되지 못하도록 방해하고 있다. 그 문제를 식별해서 가장 단순하고 쉬운 형태로 표현해 적어 보라. 그렇게 하면 해결책을 찾기가 한결 쉬워진다.

모든 사업이 그렇겠지만 당신이 고객이 필요한 사업을 시작하려면 어떻게 시작해야 할지 궁금할 것이다. 혹시 당신은 파는 법을 배우고 있는가? 서비스를 제공하는 법을 익히고 있는가? 업무용 명함을 보기 좋게 파고 있는가? 대체 당신은 어디서부터 시작하는가?

다른 일 말고 당신의 가장 큰 문제인 '돈 버는 일'에서 시작하라. 어떻게 하면 돈을 벌 수 있을까? 고객을 유치하면 된다! 끝! 당신의 가장 큰 문제는 고객을 유치하는 것이다. 당신의 유일한 문제도 당신의 제품이나 서비스를 구매할 고객을 유치하는 것이다. 당신이 하는 모든 일과 배우는 모든 것은 이 하나의 성과를 달성하는 데 초점이 맞춰져야 한다.

일어나지 않을 문제들을 만들어서 집중하지 말고, 현재의 문제에 집중해야 한다. 당신이 당면한 현재의 문제란 바로 돈을 벌어야 하는 것이다. 문제를 가정해 의구심이 들기 전에 당신은 이 문제부터 해결해야 한다.

다음에는 고객을 유치하기 위해 당신이 배워야 할 한 가지가 무엇인지 말해 보자. 그것은 아마 판매 기술을 배우는 일이 될 것이다. 그다음 할 일은 당장 시작해서 고객을 유치할 즉각적인 행동 세 가지를 찾는 것이다.

예시

- 비즈니스 판촉 전화하기.
- 비즈니스 이메일 보내기.
- 비즈니스 인맥을 넓힐 수 있는 행사에 참여하기.

이 모든 것을 하나의 행동 단락에 넣어 정리해 보자.

'내가 당면한 유일한 문제는 고객 유치다. 나는 판매 기술, 오직 판매 기술을 배워야 한다. 나는 기회가 될 때마다 비즈니스 판촉 전화를 하고, 비즈니스 이메일을 보내고, 비즈니스 인맥을 넓힐 수 있는 행사에 참여해야 한다.'

이게 끝이다. 이것을 실천해서 눈앞의 과제에만 집중하면 문제를 만들어 파고들 틈이 거의 없어진다. 당신이 문제를 가정해 걱정하려 한다면, 행동 단락을 반복해서 떠올리고 방침을 고수하라. 설사 실패해도 그 방침을 고수하면 결국 어떤 형태로든 성공을 거둘 것이다. 염려를 완전히 떨쳐 버릴 수는 없을 것이다. 하지만 그럴 때마다 항상 일어나지도 않은 문제를 생각하는 시간은 대폭 줄이고 목표 달성을 위해 행동하는 시간은 늘리는 대답을 구할 수는 있다.

⁝ 괜히 걱정하는
⁝ 베테랑에게

돈을 벌어 봤다면 일어나지 않은 문제는 자신과는 상관없다고 생각할 것이다. 당신은 돈을 더 많이 벌고 싶어서 이 책을 읽고 있을 텐데, 그렇다면 유감스럽지만 이 문제는 당신에게도 해당된다. 문제를 상상해 더 부정적인 영향을 받은 사람은 초보자가 아니라 당신일 수 있다. 당신에게는 다른 종류의 염려가 영향을 미쳤을 뿐이다.

대개 사업가들은 어느 시점에 이르러 정체기를 겪는다. 정체기는 편히 먹고 살 만큼 돈이 충분하고 더 열심히 일할 필요성을 느끼지 못할 때 찾아온다. 이 시기에는 성장하고 더 큰 성공을 거두기가 힘들어진다. 정체기를 겪는 이유는 더 이상 과감하게 행동하지 않기 때문이다. 이유는 그들을 훨씬 더 두렵게 하는 새로운 염려가 삶으로 들어왔기 때문이다.

'내가 지난 3, 4, 5, 10년 혹은 20년을 투자해서 키운 것을 잃으면 어쩌지?'

사람들이 사업을 막 시작할 때에는 대개 가진 것이 거의 없다. 그래서 실패해도 세상이 끝난다고 생각하지 않는다. 별로 잃을 게 없기 때문이다. 하지만 일단 꽤 괜찮게 돈을 벌고 성공을 거두면, 그 돈과 성공을 잃는 것이 세상에서 가장 두려운 일이 된다.

당신이 한 건물의 지붕에서 10피트 떨어진 건물의 지붕으로 건너뛰려고 시도한다고 상상해 보라. 만일 두 지붕의 높이가 1층밖에 안된다면? 건너뛰기가 처음이라 좀 무섭기는 해도 앞으로 인생에서 겪을 가장 무서운 일까지는 아닐 것이다. 또 1층 정도면 별로 위험하지도 않을 것이다. 하지만 지붕 높이가 15층이라면? 건너뛰기를 시도하기가 끔찍할 것이다. 물론 성공할 수도 있다. 그러나 위험이 훨씬 크기 때문에 성공하지 못하면 잃을 것이 훨씬 많다.

성공을 어느 정도 거두거나 편안한 삶을 살게 됐을 때 실패에 대한 두려움은 우리를 마비시킨다. 이를 어떻게 극복할까?

엘론 머스크는 페이팔을 매각하자마자 전액을 재투자해 새 벤처기업인 스페이스X와 테슬라를 설립했다. 말도 안 되는 행동이다. 엘론은 투자할 때 일어날 수도 있는 문제에 영향을 받지 않았다. 뿐만 아니라 마약을 한 미치광이처럼 문제를 순식간에 날려 버렸다. 엘론에게는 자신의 염려보다 전진과 성장이 훨씬 중요했다.

그렇다고 엘론처럼 무모해지라는 말은 아니다. 하지만 '내가 그 모든 것을 잃으면 어쩌지?' 같은 질문을 대수롭지 않게 무시한 엘론의 능력은 주목할 만하다. 그는 어떻게 이를 해냈을까? 순 자산이 수십억 달러였던 엘론은 그저 돈방석에 앉아 평생을 엄청난 부자로 살 수도 있었다. 하지만 모든 것을 잃을 수 있는 위험한 길을 택했다.

이유는 그런 투자가 엘론의 목표였기 때문이다. 그 목표를 달성하지 못할 수 있다는 생각이 자신이 쌓은 모두를 잃을 수 있다는 생각보다 훨씬 더 고통스러웠기 때문이다. 자신을 몰아붙여 앞으로 나아가기 위해서는 엘론같이 생각해야 한다.

사업가들은 모두 제각각이다. 사람들은 모두 각기 다른 목표를 갖고 있다. 당신이 할 일은 궁극적 목표를 찾고, 그 목표를 달성하지 못했을 경우 스스로를 용서할 수 있는지 자신에게 묻는 것이다. 더 중요한 점은 목표를 달성하지 못했을 때 발생하는 고통의 포인트를 찾아야 한다는 것이다.

나는 당신이 어떤 사람인지, 또 당신을 움직이게 하는 것이 무엇인지 모른다. 당신 스스로 더 많은 돈을 벌고 싶은 이유가 무엇인지 찾아내야 한다. 앞서 말했듯이 그 이유는 기쁨을 키우는 것이 아니라 고통을 줄이거나 없애는 것과 관련돼야 한다. 우리를 더 열심히 일하게 만드는 것은 기쁨이 커질 수 있다는 전망이 아니라 고통을 줄일 수 있다는 전망이기 때문이다. 이유를 찾아 적어 보자.

실패의 두려움을 이겨 낼 유일한 방법은 성공하지 못하는 것을 더 크게 두려워하는 것이다. 그야말로 못살겠다는 무엇인가가 있어야 한다. 만일 그렇지 않으면 당신은 앞으로 나아가기가 아주 어려울 것이다. 고통 목록을 작성한 후에는 자주 들여다보며 자신의 목표를 가능한 많이 되뇌어라. 스스로 편안해지는 것을 경계하지 않으면, 결국 너무 편안한 상태에 빠져 절대 헤어날 수 없을 것이다.

슬프게도 염려되는 모든 문제의 답을 얻을 수는 없다. 답을 알아낼 정도로 충분히 생각하지 않거나 답을 알아내도 인정하기가 수치스럽기 때문이다. 임종을 앞두고서야 사람들은 평생 자신의 발전을 저해했던 질문들의 답을 알게 된다.

'내 사업을 시작하지 않으면 어떻게 될까?'

'평생을 가난하게 살면 어떻게 될까?'

'평생을 다른 누군가를 위해 일하면 어떻게 될까?'

그들은 훨씬 더 고통스러운 질문에 부딪힌다.

'어떤 일이 일어났을 수도 있었을까?'

안타깝게도 그들은 그 답을 절대 알 수 없다. 너무 늦어 버렸다.

이 책을 읽는 지금도 당신 앞에는 많은 염려가 산적해 있을 것이다. 그 답은 오직 행동함으로써 얻을 수 있다. 당신은 '일어났을 수도 있었던 일'을 하기에는 너무 늦어 버린 때에야 비로소 답을 알게 되는 염려들을 무시해야만 한다.

성공한 사람들도 모두 그렇지 못한 사람들과 마찬가지로 일어나지도 않은 문제로 괴로워한다. 다만 차이점은 성공한 사람들이 '목표를 달성하지 못하면 어떻게 될까?' 같은 더 큰 문제에 집중하기로 결정한다는 데 있다. 그 문제에 답하는 것이 두려움의 염려에 대한 답보다 훨씬 더 고통스럽기 때문이다. 그리고 그들은 삶에서 눈앞에 놓인 문제를 한 번에 하나씩 해결하는 데 집중한다. 당신도 현재의 문제에 집중하고 해결하면서 앞으로 나아갈 수 있다. 그것은 부정적인 염려에 집중했을 때와는 정반대의 결과가 될 것이다.

성공한 사람들은 자신의 인생을 통제할 수 있고 뭐든지 일어날 수 있다고 믿는다. 또 현재의 문제에만 집중한다. 현재의 문제만이 실제 문제이기 때문이다. 또 성공한 사람들은 인생을 아직 굳지 않은 점토 덩어리라고 생각한다. 그리고 미래를 내다보는 유일한 방법은 스스로 그 점토를 빚는 것이라고 믿는다.

일곱 번째

부자는
목표를 계획한다

어떻게 할지 모르겠다면
계획을 세워라

■■■■■■■■■■■ 아마존이나 페이스북 같은 회사는 수익을 내기까지 시간이 아주 오래 걸렸다. 아마존은 거의 20년 동안 수익을 내지 못했다. 더 말도 안 되는 사실은 트위터와 스냅챗은 기업 가치가 수십억 달러지만 흑자도 못 내고 있다는 것이다.

사람이나 회사는 부유할수록 목표를 더 잘 세우고 이룰 수 있다. 그런 사람들은 목표를 달성할 방법을 더 잘 계획하고, 또 그 목표가 자신의 미래에 갖는 의미도 더 잘 이해한다. 반면 소득이 낮은 사람들은 대개 별로 노력을 들일 필요가 없는 단기적인 목표, 혹은 실행할 계획은 전혀 없는 목표만 갖고 있다. 많은 사람이 베스트셀러 작가가 되고 싶다. 하지만 정작 어떻게 책을 출간해야 하는지는 모른다. 셀 수 없이 많은 사람이 소매점을 열고 싶어 한다. 하지만 가게를 어디에 내야 할지 모른다. 이 때문에 그들은 혼란스러운 선택지에 지나친 부담감을 느낀다. 그리고 자신의 목표를 완전히 잊거나 포기한다.

'자비로 출판해야 할까?'

'관행대로 출판사를 통해야 할까?'

'시내가 좋을까 교외가 좋을까?'

그들은 목표 달성 계획을 세우는 법을 모르기 때문에 목표를 실제로 달성할 기회조차 갖지 못한다. 목표 달성 계획을 세우는 일은 목표 그 자체보다 중요하다.

실행 계획을 세우는 일은 아주 쉽다. 당신이 할 일은 그저 목표 달성을 위해 밟아야 할 단계를 모두 적는 것이다. 하지만 실행 단계를 적기 전에 알아야 한 가지가 더 있다. 우선 목표를 규정해야 한다. 자신의 목표가 무엇을 수반하고, 인생 전체에서 어떤 의미인지 정확히 알아야 한다. 누구나 '나는 이것을 원해'라거나 '나는 저렇게 되고 싶어'라고 할 수 있다. 원하는 바가 정확히 무엇이고 목표가 구체적으로 어떤 모습인지, 또 달성된 목표나 완성된 결과물은 어떤 느낌일지 자신의 목표를 규정할 수 있는 사람은 극히 드물다.

예를 들자. 뉴욕에 거대한 고층 건물을 짓고 싶은 사람은 많다. 도널드 트럼프 역시 그중 한 사람이었다. 그는 원하는 바를 규정했다. 그리고 실제로 건물을 지을 수 있도록 실행 단계를 계획했다. 트럼프는 자신의 프로젝트 가운데 하나인 뉴욕 시의 그랜드 하얏트 호텔을 처음 구상할 때 두 가지를 했다.

- 목표를 규정했다. 그랜드 하얏트가 특정한 모습으로 비치고, 특정한 방식으로 설계되고, 뉴욕의 특정 위치에 자리하기를 원했다. 또한 특정 유형의 고객을 사로잡기를 원했다. 마음속에 호텔에 대한 특정한 이미지가 있었다. 그리고 호텔 건설을 위해 자신이 투자할 수 있는 돈이 얼마인지 알고 있었다.
- 목표를 이룰 방법을 계획했다. 그는 어떤 사람을 고용해야 할지 정확히 알고 있었다. 알아야 할 법안을 비롯해 예산 내에서 호텔 완공과 관련된 세부 과정도 전부 정확히 파악하고 있었다.

호텔이 존재하기 수년 전부터 도널드 트럼프는 자신의 목표를 규정했다. 그리고 목표를 달성할 실행 단계들을 생각했다. 결과는 어떻게 됐을까? 그 생각과 아이디어 덕분에 트럼프는 멋진 호텔을 짓겠다는 자신의 목표를 달성할 수 있었다.

트래픽 파이터의
막연한 방법

아침 8시에 어떤 도시의 고속도로를 살펴봐도 당신은 거창한 목표를 품은 수만 명을 보게 될 것이다. 부와 명성을 얻겠다는 목표, 전문 요리사 또는 텔레비전 뉴스 앵커가 되겠다는 목표, 수백만 달러를 벌어 지인 모두에게 집을 마련해 주겠다는 목표를 가진 사람들도 있을 것이다. 그들은 모두 창업도 하고 생각대로 인생을 살 수 있는 알맞은 시기가 오기만을 그저 기다린다.

그렇다면 왜 그중에서 자신의 목표를 이루는 사람은 극히 드물까? 이유는 그들이 목표를 구체적으로 전혀 모르고 목표를 달성하는 방법에도 무지하기 때문이다. 그들은 '성공이라는 사건' 그 자체에만 주목한다. 사건은 바람을 이루고 돈을 엄청나게 벌어서 '멋진 인생'을 살게 되는 순간이다. 하지만 구체적으로 말할 수 있는 것은 거기까지다. 그들은 이렇게 생각한다.

'돈을 엄청 많이 벌면 이 형편없는 회사를 다닐 필요가 없을 거야.'

이것이 전부다.

"당신은 돈을 얼마나 많이 벌고 있을까요? 당신은 무엇으로 유명할까요? 그렇게 되기까지 얼마나 걸릴까요? 누가 이상적인 고객이 될까요? 당신이 파는 상품은 무엇일까요? 당신이 금전적 목표를 달성하려면 얼마나 많은 고객이 있어야 할까요? 당신의 주요 목표를 달성하려면 누구의 지원이 필요할까요?"

이 모든 질문에 그들은 거대한 물음표로밖에 답할 수 없다.

이것이 우리 사회에서 성공을 거의 로또 당첨 수준으로 여기는 이유다. 사람들은 오직 '성공'에만 주목한다. 그래서 많은 사람이 성공하고 유명해진 사람들을 질투하는 것이다. 그들은 성공한 사람들이 스타의 반열에 오르기까지 들어간 모든 노고와 헌신, 투지를 보지 못한다. 그저 하루아침에 성공했다고, 성공한 사람은 운이 좋았다고 생각한다. 장담컨대 아니다. 성공한 사람들은 자신의 목표를 규정하고, 실행 계획을 세우고, 작은 실행 단계들을 밟아 나갔기 때문에 목표를 달성한 것이다. 나는 이 책을 읽는 당신이 트래픽 파이터거나 이제 막 트래픽 파이터의 삶에서 벗어났다고 생각한다. 따라서 여러분은 자신의 목표를 규정하고 계획하는 방법을 완전히 쇄신해야만 한다고 생각한다.

단 한 번에 돈을 번 슈퍼 리치는 거의 없다. 물론 하루아침에 수억 달러를 버는 셈인 기업을 인수하는 방법도 있다. 이는 '자고 일어났더니 성공'하게 된 경우다. 이 기업 인수 또한 대개는 수개월이나 수년에 걸친 수백 개의 작은 사건 혹은 단계들의 결과다. 돈줄을 크게 잡고 사업에서 로또처럼 대박을 터뜨리는 아주 극소수의 슈퍼 리치가 있기는 하다. 하지만 당신은 여기에 의지할 수 없다. 성공 계획을 세우는 수밖에 없다.

당신은 큰 사건이 그보다 작은 많은 행동이 합쳐진 결과임을 깨달아야 한다. 그 행동들은 일상의 수많은 더 작은 행동에 기초한다. 예를 들어 어떤 남자가 자신의 소프트웨어 회사를 매각해 1억 달러를 벌었다고 해 보자. 이때 남자가 1억 달러를 번 것은 그저 회사를 매각한 결과가 아니다. 그가 사업 아이디어를 떠올리고, 6개월 동안 소프트웨어를 코딩하고, 알맞은 직원을 고용하고, 적절한 광고를 동원하고, 그 외에도 다른 작은 일들을 수십 가지 한 결과다. 주요 사건에 도달하려면 당신이 원하는 주요 사건, 즉 목표를 알아내는 것도 중요하다. 하지만 더 중요한 점은 그것보다 작은 수많은 행동을 알아내는 것이다. 그 작은 행동들이 실제로 주요 사건을 구성하기 때문이다.

슈퍼 리치들은 가장 먼저 큰 목표를 세운다. 내 목표 하나는 1년 매출이 1억 달러 이상인 소프트웨어 회사를 소유하는 것이다. 이 목표를 세운 뒤, 나는 그것을 규정과 달성이 가능한 작은 목표들 수백 개로 나눴다. 정확히 필요한 고객 수와 그 고객을 유치하기 위한 방법, 고객이 최종 구매 결정까지 이르게 할 요소로 나눴다. 그리고 그 단계를 더 세분화했다. 나는 당신이 이렇게 할 수 있기를 바란다. 부자가 되려면 부자가 되기 위한 방법이 필요하다.

당신에게 필요한
목표

▪▪▪▪▪▪▪▪▪▪▪▪▪▪▪ 부를 창출하는 아이디어가 낯선가? 그렇다면 당신은 자신의 큰 목표를 명확히 규정할 수 없을 것이다. 사람들 대부분이 '소프트웨어 회사를 소유했으면', '1년에 백만 달러를 벌었으면' 혹은 '가족과 세계 여행도 하고, 돈 걱정할 필요 없을 만큼 소득이 많았으면' 하고 생각하지만, 이는 구체적인 생각이 아니다.

최소한 소득 목표와 목표를 달성하기 위한 방법이 있어야 한다. 이 방법은 소프트웨어를 개발하는 일이 될 수도, 자기계발서를 쓰는 일이 될 수도, 비디오 훈련 프로그램을 만드는 일이 될 수도 있다. 무엇이든 당신이 원하는 금전적 목표를 어떻게 달성할지를 의미한다. 하지만 이를 실천할 가장 쉬운 방법은 사람들이 돈을 벌고 싶어 하는 절대적이고 근본적인 이유인 라이프 스타일에서 시작하는 것이다.

1단계
당신의 큰 목표는 무엇인가?

깊이 생각하지 말고 당신이 지금 당장 원하는 것을 모두 떠올려라. 차, 집, 휴가, 자녀의 값비싼 교육비 등이 될 수 있다. 이제 당신이 큰 목표를 구체적으로 인식하고 그것을 이루기 위해 작은 목표들로 세분화해 보자.

라이프 스타일 목표를 마음 속 깊이 그려 보는 것은 아주 큰 도움이 된다. 3년 전에 나는 댈러스 부유층 지역의 커다란 집과 페라리, 도시가 내려다보이는 뜨거운 물이 가득한 욕조를 마음속에 그렸다. 현재 나는 이 모두를 갖고 있다. 이는 실행 단계들을 포함해서 명확한 목표를 내 머릿속에 깊이 각인한 것이 도움이 됐다. 하지만 나는 이 책에서 정신적 자기 위안은 피하고 전적으로 성과 지향적인 사고방식에 중심을 기울이고 싶다. 지금 시간을 조금 내서 당신이 인생에서 원하는 것 가운데 돈이 필요한 것을 모두 적어 보라. 구체적이어야 한다. 그저 '나는 집을 갖고 싶어'라고 적지 마라. 원하는 집의 스타일, 크기, 위치 등을 적어라.

지금은 이 연습이 더 간단해지도록 개인 전용기 소유, 스포츠 팀 매입, 저축과 투자 같은 것들은 넣지 않기를 권한다. 그렇게 큰 소망들을 넣으면 연습이 복잡해지기 때문에, 일단 이 과제를 제대로 이해한 뒤에 그런 소망들도 마음껏 포함하라. 간단한 방식으로 배워 보기를 바란다.

당신이 원하는 모든 것

1 ....

2 ....

3 ....

4 ....

5 ....

6 ....

7 ....

8 ....

다 적었다면 지금부터는 인터넷에서 당신이 원하는 모두가 각각 정확히 얼마인지 알아보라. 그냥 구글에 '찰스턴에 있는 침실 5개짜리 벽돌집 가격', '1960년 재규어 가격'을 검색하면 된다. 그리고 가장 마음에 드는 것을 찾아 가격을 적어라. 마지막으로 당신이 원하는 깃들을 모두 사고, 원하는 라이프 스타일을 달성하는 데 전부 얼마가 필요한지 계산하라.

진지하게, 지금 당장 해 봐라. 기다리고 있겠다.

해 봤는가? 훌륭하다. 이제 당신이 원하는 목표를 달성하려면 실제 얼마가 필요한지 대략 알았을 것이다. 대략이라고 말한 이유는 당신이 겨울마다 산장을 빌려서 가족과 스키 여행을 가거나 비행 수업을 받는 일 등 몇 가지를 빠트렸다는 것을 알기 때문이다. 이것만으로도 당신은 큰 걸음을 내딛었다. 당신이 꿈꾸는 라이프 스타일대로 사는 데 비용이 얼마나 드는지도 모르면서 어떻게 계획을 세우겠는가?

당신이 원한 것들을 모두 사는 데 5백만 달러가 필요하다고 해 보자. 이제 다음 질문이다.

'어떻게 5백만 달러를 벌 것인가?'

어떻게 벌어야 할까? 시리즈물을 발간해서? 레스토랑을 개업해서? 소프트웨어 회사나 부동산 회사, 혹은 단백질 보충제 회사를 시작해서? 무엇이 됐든 당신의 직감대로 적어라. 아직 잘 모르겠다면 당신 꿈에서 명확히 규정할 부분을 알아내면 된다. 당신은 반드시 어떻게 돈을 벌지 알아내야 한다. 지금은 우선 이 연습 과제를 마치기 위해 당신이 즐길 만한 일들을 떠올려 보자. 요리(요리책 시리즈 내기, 요리 강습 듣기, 요리 개인 지도 받기 등), 글쓰기(책, 연극, 만화책, 각본, 대통령 연설문 등), 게임(토너먼트 시합, 유튜브 비디오 제작 등)에 이르기까지 무엇이든 될 수 있다.

당신이 보충제 회사를 차리기로 했다고 가정하자. 이제 당신은 무엇을, 얼마에, 어떤 소비자 집단에게 판매할지 규정해야 한다. 물론 조사가 필요하다. 일단은 추측해서 적은 다음, 책을 계속 읽으며 당신이 앞으로 할 일이 무엇인지 알아 나가라. 이 책을 끝까지 읽은 뒤에는 이 장으로 되돌아와 다시 읽으면서 모든 단계를 순서대로 따라 하라.

우리가 전문 단백질 파우더를 한 통에 47달러를 받고 헬스 트레이너에게 팔기로 했다. 이 가이드라인을 바탕으로 이제 우리는 실제로 큰 목표를 규정할 수 있다.

'큰 목표는 5백만 달러를 벌어서 원하는 라이프 스타일을 달성하는 것이다. 이를 위해 우리는 보충제 회사를 만들어서 헬스 트레이너를 대상으로 단백질 파우더를 한 통에 47달러에 팔 것이다. 목표 5백만 달러에 이르려면 단백질 파우더 10만 6,383통을 팔아야 한다.'

여기에 덧붙일 다른 요소가 있는가? 물론이다! 하지만 우리는 이제 막 큰 목표를 규정했고, 그 목표를 사업으로 어떻게 달성할지 정했다. 이는 커다란 첫걸음이다! 예시에는 단백질 파우더 10만 6,383통을 팔기 위해 필요한 많은 정보와 밟아야 할 단계가 나와 있지 않다. 이는 연습 과제의 2단계에서 다루겠다.

2단계
큰 목표를 위한 작은 목표 다섯 가지

어느 날 갑자기 단백질 파우더 수십만 통 이상을 팔며 매출 5백만 달러를 올릴 수는 없다. 큰 목표에 이르기 위해서는 넘어야 할 보다 작은 목표가 아주 많다. 이는 큰 목표에 비해 작을 뿐이다. 작은 목표들을 실현하려면 일단 그것들을 규정해야 한다. 우선 할 일은 당신이 계획 중인 사업을 들여다보라. 그리고 소득 목표를 달성하는 데 크게 영향을 미칠 다섯 가지 요소를 생각하라. 여기에 최선을 다해야 한다. 다시 말하지만 이 연습 과제를 제대로 해내는 데 필요한 지식을 갖출 수 있도록, 이 책 전체를 끝까지 읽으면 다시 돌아와서 연습 과제를 끝마쳐라.

단백질 파우더 사업으로 예를 더 들어 보자. 우리가 만들 수 있는 목표는 다섯 가지다. 이번 첫 번째 연습 과제에서는 최소 세 개 이상 목표를 갖기를 권한다. 가급적이면 먼저 달성해야 하는 순서로 목표를 나열하는 것이 좋다. 일단 목표들을 적어라. 가장 중요하다.

- 단백질 파우더 포뮬러 및 상품 개발하기.
- 상품 판매를 위한 시스템 혹은 플랫폼 구축하기.
- 수십만 통 이상 판매를 달성할 광고 방안 찾기.
- 아이콘이 되는 브랜드 창조하기.
- 주요 매장에서 단백질 파우더 판매하기.

물론 이 목표 5개는 결코 작지 않다. 하지만 이렇게 목표를 세분화해서 하나씩 다루면 우리가 원하는 큰 목표를 관리하기가 훨씬 수월해진다. 여기서 놀라운 점은 우리가 더 이상 그저 '5백만 달러, 멋진 차, 단백질 파우더 회사가 있었으면 좋겠어'라고 생각하지 않는다는 것이다. 대신 우리는 '어떻게 단백질 파우더를 개발할 수 있을까?, 단백질 파우더를 어떻게 광고해야 십만 개 이상 판매량을 달성할 수 있을까?'라고 생각한다. 손에 닿을 수 있고 해결할 수 있는 달성 가능한 목표를 실제로 생각하는 것이다.

3단계
작은 목표를 더 작게 세분화하라

작은 목표 5개를 작성했다. 때문에 드디어 우리가 실제로 답할 질문들을 던질 수 있게 됐다. 이 과정이 아주 중요하다. 만일 당신이 단백질 파우더 회사 창업을 구상 중이라면, 뇌가 생각과 아이디어들을 너무 빨리 진행해 당신은 곧바로 엄청난 압박과 부담을 느낄 것이다. 이는 목표 자체가 달성되기에는 너무 크기 때문이다. 그러나 목표를 더 작은 목표들과 실행 계획으로 세분화하면, 당신이 알맞은 단계를 밟았을 때 그것을 충분히 달성할 수 있음을 깨달을 것이다.

당신에게 필요한
실행 계획

■■■■■■■■■■■■ 첫 번째 목표인 '단백질 포뮬러 및 상품 개발'을 살펴보자. 어떻게 이를 달성할까? 이를 더 작은 목표와 실행 계획으로 바꾸기만 하면 된다.

1단계
상품 개발 방법 알아내기

- 해당 주제를 인터넷에서 조사하기.
- 이미 상품을 개발한 사람에게 문의하기.
- 단백질 파우더 제조업체에 방문해 필요한 개발 방법 문의하기.

이 단계를 완수하면 단백질 파우더를 개발하는 방법을 알게 된다. 우리가 할 일은 인터넷 조사와 직접 조사를 하고, 제조업체에 개발할 상품에 대해 문의하는 것이다. 어떻게 이를 해낼 수 있을까?

2단계
고객이 원하는 성분 찾아내기

- 헬스 트레이너들에게 단백질 파우더에서 원하는 성분물어 보기.
- 헬스 관련 페이스북 페이지, 포럼, 웹 사이트에 관련 질문을 올려 보기.
- 관련 행사에 참여해 어떤 상품에 사람들이 몰리는지 살펴보기.

짠! 이제 우리는 헬스 트레이너들이 저탄수화물 단백질 파우더를 원한다는 사실을 알게 됐다.

3단계
필요한 비용을 계산하고 제조업자 고용하기

- 인터넷 조사를 조금 더 하기.
- 여러 제조업자에 연락해서 견적서 받기.

● 이미 이 단계를 마친 사람에게 조언과 충고를 구하기.

단백질 포뮬러 개발을 다른 사람에게 맡기는 데 1만 달러가 들고, 포뮬러 1,500통을 주문 제작하는 데 3만 달러가 들어간다고 치자.

4단계
3만 달러 마련하기

● 투자자에게 연락하기.
● 대출 받기.
● 저축해 놓은 돈 투자하기.

어떤 선택지가 당신에게 최선인지 알아내면 끝이다. 이 사업은 창업 비용이 많이 든다. 하지만 여기서 주목할 점은 내가 어떻게 커다란 목표 5개 중 하나를 세분화하고 그것을 달성하기 위해 필요한 단계로 제시했는지다.

내가 이 과정을 목표 5개에 모두 수행한다고 상상해 보자. 그럼 나는 '5만 달러'라는 궁극적인 목표에 이르기 위해 따라야 할 명확한 경로를 알게 될 것이다. 규정되지 않고 이상만 높은 큰 목표를 갖는 대신 구체적이고 따르기 쉬운 레시피를 알게 되는 것이다. 레시피는 당신이 취할 행동들을 한결 실천하기 쉽게 만들어 줄 뿐 아니라 당신이 노력해서 실제로 목표를 달성할 가능성을 훨씬 높인다.

전체적으로 한번 살펴보자. 이 연습 과제를 시작하기 전에 당신은 멋진 라이프 스타일을 원하고 돈을 많이 벌고 싶어 할 뿐이었다. 하지만 그래 봤자 평생을 트래픽 파이터로 사는 것 외에는 도움이 되지 않을 것이다. 이제 당신은 이런 사항들을 알게 된다.

- 정확히 어떤 집에서 살고 싶고 어떤 차를 몰고 싶은지 등 당신이 원하는 정확한 라이프 스타일.
- 당신이 원하는 일을 하기 위해 필요한 돈의 정확한 액수.
- 당신의 금전적 목표를 달성하기 위해서 실제 계산해 규정한 명확하고 궁극적인 사업 목표.
- 당신의 금전적 목표를 달성하기 위해 반드시 성취해야 할 명확한 목표 다섯 가지.
- 목표 다섯 가지를 간단하고 쉽게 달성하도록 만들어 줄 보다 작은 목표들과 그 목표들을 위한 명확한 실행 단계.

이제 남은 일은 이 연습 과제에서 작성해 본 작은 실행 단계들을 행동에 옮기고 그 과정에서 발생하는 문제들을 해결하는 것이다. 당신은 목적지로 가는 경로를 만들었다. 그저 목표가 달성되기만을 원하는 것이 아니라, 그 목표에 이르는 방법을 알고 있다. 당신은 자신의 꿈과 목표를 규정하고 그곳에 이를 수 있는 지도를 그렸다.

이 연습 과제를 해 보기 전이라고 가정하자. 당신은 화가다. 현실에는 존재하지 않는 어떤 건물을 정확히 그리려고 애쓰고 있다. 그 건물이 어떤 모습이어야 하는지 모호하고 막연한 묘사로만 알고 있다고 상상해 보자. 아마 당신은 작업하기가 거의 불가능할 것이다. 목표에 이르는 명확한 실행 지침, 이 경우에서 보면 '스케치 선'이 전혀 없기 때문이다. 이번에는 똑같은 건물을 당신에게 청사진으로 주어진 스케치 선에 따라 그린다고 상상해 보자. 그럼 지침을 따르기만 하면 되기 때문에 훨씬 쉽다. 이것이 우리가 여기에서 하고 있는 일이다.

지금 알아야 할 것은 이 연습 과제를 더 잘 수행할수록 당신이 더 확실히 부자가 될 수 있다는 점이다. 부자들은 모두 멀리 떨어진 목표를 상상한 뒤 거기에 이르는 모든 단계를 규정하는 능력이 아주 뛰어나다. 부자가 되고 싶다면 모호한 욕망보다는 명확히 규정된 목표를 더 많이 생각해야 한다.

(참고) 이 장에서는 초보자와 베테랑을 구분 짓지 않았다. 목표를 규정하고 계획을 세우는 일은 당신이 어떤 사람이든, 당신의 경험 수준이 어떻든 상관없이 누구에게나 동일하게 적용되기 때문이다.

여덟 번째

부자는
돈 버는 행동만 한다

효율적으로
달려 보자

당신이 어떤 공간에서 1마일을 걷거나 달릴 때마다 1,000달러씩 번다고 상상해 보자. 당신이 5,280피트를 움직일 때마다 시계처럼 정확하게 '철컹' 소리가 나면서 1,000달러가 곧바로 당신의 계좌로 입금된다. 이 일은 하루에 8시간만 할 수 있다. 그리고 걷기와 달리기를 위한 준비 모두 일로 간주되기 때문에, 주어진 8시간 안에 해결해야 한다.

이 조건에서 당신이 돈을 벌기 위해 해야 할 가장 중요한 일을 하나만 꼽으면 무엇인가? 답은 언뜻 너무 뻔하고 간단한 것 같다. '가능한 최대로 빨리 뛰기'. 그러나 잠시 생각해 보면, 우리가 해야 할 다른 수많은 일이 떠오를 것이다. 이를테면 이런 것들이다.

- 쉬지 않고도 오래 달릴 수 있게 탄수화물 함량 높은 음식 먹기.
- 식료품 사러 가기.
- 마련한 음식 모두 먹기.
- 달리기 경로 쉼터에 물 마련해 놓기.
- 운동복과 운동화를 구입하거나 바꾸기.
- 운동복 세탁하기.
- 더 지치지 않고 더 빨리 달릴 수 있는 새로운 달리기 방법 찾기.
- 보충제 섭취량을 측정하고 섭취하기.

이외에 수십 가지는 더 있을 것이다. 그러나 이런 행동들은 최대한 빨리 달려서 돈을 버는 목표를 달성하는 데는 필요하지만, 수입을 줄이기도 한다. 음식을 준비하고 쉬는 곳에 물을 놔두는 데 매일 30분이 걸린다고 하자. 그 시간에도 달릴 수 있다면 5분에 1마일을 달린다는 가정하에 하루에 6천 달러는 더 벌 것이다. 음식을 준비하고 물을 놔 두느라 매달 18만 달러 정도를 손해 본다는 이야기다. 이는 1년이면 백만 달러가 넘는 액수다. 정말 말도 안 된다!

하지만 간단한 해결책이 있다. 음식을 마련하고 달리기 경로에 물을 놔 줄 사람을 하루에 20달러를 주고 고용하는 것이다. 그럼 음식을 먹고 물을 마실 때 빼고는 시간을 낭비하지 않게 된다. 이런 낭비마저도 우리 몸에 정맥 주사를 고정해 영양분이 체내에 하루 종일 주입되도록 하는 방법으로 더 없앨 수 있겠다. 하지만 지금은 사람을 쓰는 것으로 하자. 음식과 물을 준비해 줄 사람을 고용하면, 매달 600달러

남짓만 지불하면서 17만 9,400달러를 더 벌 수 있다.

가능한 돈을 많이 벌려면 우리는 매 순간을 달리는 일, 즉 돈 버는 일에 집중해야 한다. 그러나 남에게 맡길 수 없는 일에 집중할 수도 있을 것이다. 달리기 속도가 빨라지면 투자수익률이 높아지기 때문이다. 예를 들어 신발이 맞는지 신어 보는 일은 누가 대신할 수 없다. 그러니 달리기 속도를 높이는 데 확실히 도움이 될 엄선된 새 운동화를 신어 볼 일이 생기면 시간을 들일 가치가 있다. 결국 더 많은 돈을 벌 수 있다는 의미이기 때문이다. 돈을 벌어 주는 일은 달리기다. 때문에 우리는 달리기에만 집중해야 한다. 더 빨리, 더 많이, 더 잘 달리는 데 도움이 되면서도 맡길 수 없는 일이 아니면 달리기를 제외한 그 어떤 일도 하지 않아야 한다. 요리와 옷 세탁같이 맡길 수 있는 일은 전부 반드시 맡겨야 한다. 이것이 최대한 빨리 가능한 많은 돈을 벌 수 있는 가장 쉽고 유일한 방법이다.

모든 일을 혼자 하지 마라

당신은 일주일에 60~80시간, 혹시 먹거나 샤워하지 않는다면 아마 120시간쯤을 오직 당신의 꿈을 위해 노력하는 데 쏟을 수 있을 것이다. 이 시간이 많게 느껴지겠만 진정한 사업가에게는 우습다. 나는 매일 최소 100시간을 내 꿈을 이루는 일에 쏟는다. 어떻게 가능할까?

일하는 사람이 나 혼자가 아니기 때문이다.

일주일에 80시간 투자도 정말로 많은 게 아니다. 그러나 당신에게 직원 10명이 있다면, 1명당 일주일에 40시간씩 400시간을 일할 수 있다. 자신은 일주일에 10시간만 일하면서도 똑똑하게 지시해 직원들이 일주일에 총 400시간을 일하게 만들면 혼자 일할 때보다 훨씬 더 많이 성취할 것이다.

당신이 어떤 사람이든 하나의 존재다. 때문에 배울 수 있는 기술과 하루에 일할 수 있는 시간에 한계가 있다. 그러나 알맞은 사람들과 함께 일하면 당신은 훨씬 더 엄청난 사람이 된다. 거대한 변신 로봇의 머리 내부에 앉아 있는 것쯤으로 생각하라. 당신은 혼자서는 아주 큰일을 해낼 수 없지만 거대한 변신 로봇을 통제하면 고층 건물도 밀어버릴 수 있다.

많은 사업가가 이를 제대로 이해하지 못한다. 결국 수년 동안 성장에 저해되는 요인이 된다. 그들은 자신만이 특정 업무를 처리할 수 있다. 그래서 다른 사람을 영입하는 것은 돈이 많이 들고 쓸데없는 일이라고 생각한다. 알맞은 사람을 고용하면 그 직원들이 전부 당신이 지불하는 보수의 10배를 벌어 줄 수도 있다. 게다가 모두 당신의 결정을 수행해서 일을 아주 크게 진척시킨다. 어느 시점에 이르면 당신이 내린 모든 결정이 수백 시간의 목표 달성 과정으로 이어질 것이다. 당신의 시간에 대한 가장 값진 투자는 다른 사람을 지휘하는 일이다.

내가 소프트웨어 개발업자에게 3만 달러를 지불하면, 장담컨대 개발된 소프트웨어가 30만 달러를 벌어 줄 것이다. 나는 전문가가 훤히 알고 있는 소프트웨어 개발 방법을 배울 시간도 없다. 내 시간은 판매를 하고 사람들을 지휘하는 데 쓰여야 한다. 하지만 덕분에 나는 엄청난 통제력을 갖는다. 코드를 배우느라 수백 시간을 들일 필요 없이 내 팀에 "그렇게 만드세요"라고 말하면, 내 말을 이행하기 위한 과정이 진행된다. 내가 결정을 올바르게만 한다면 엄청난 성공을 거둔다.

마법처럼 돈을 벌 수 없는 사람들을 위한 팁

그 누구도 온종일 뛰어다니면서 계좌에 마법처럼 돈이 꽂히게 할 수는 없다. 그래서 내가 말한 사고방식을 적용하면 소득을 대폭 올릴 수 있다. 분명 가장 높은 투자수익률을 달성하게 만드는 행동들을 찾아 거기에 집중해 소득을 빨리 올리고, 또 증가시킬 수 있다.

앞서 든 예시에서 집중할 일은 바로 달리기다. 하지만 돈 버는 일에서는 특히 시작 단계라면 무슨 일을 해야 할지 혼란스럽다. 돈을 벌어 주는 몇 가지 행동으로 범위를 좁혀 거기에만 집중하면, 수익을 내는 데 필요한 시간을 훨씬 단축할 수 있을 것이다.

많은 사람이 일을 처음 할 때 두서없이 엉망으로 행동한다. 그들은 자기계발서를 읽으면 갑자기 여러 사안을 한꺼번에 조사하고 흥분한 물고기처럼 팔딱거린다. 하지만 그 행동들은 모두 돈도 안 되고 아주 쓸모없다.

당신은 사업에서 돈을 벌어 주는 한 가지, 혹은 두세 가지 일을 찾아야 한다. 대개 그 일은 판매일 것이다. 앞서 언급했듯이 그 일조차 더 작은 여러 다른 행동으로 세분화할 수 있다. 다른 일에 집중하면 수익을 낳는 중요한 일에 집중할 시간을 줄어들게 만든다. 이는 예로 든 달리기 이야기에서 음식을 스스로 준비하는 것처럼 시간을 낭비하는 일일 뿐 아니라, 소득을 앗아가는 일이다.

이를 사업의 관점에서 설명하겠다.

내 사업에는 소득을 많이 창출하는 일이 세 가지 있다. 내가 매일 하루 종일 이 일들에만 집중한다면 나는 더 큰 부자가 될 것이다. 이 세 가지는 리드 창출, 웨비나 판매, 판매 홍보 자료 제작이다. 리드 창출은 제품과 서비스에 문의하는 잠재 고객에게 판매할 기회다. 내 사업에서 투자수익률을 높이는 가장 쉬운 방법은 가치가 5달러 미만인 리드가 유입되는 양을 늘리는 것이다. 하루에 리드를 500개 얻으면, 하루 평균 1만 5천 달러를 더 번다. 그리고 리드를 1,000개까지 올릴 수 있으면 나는 하루 평균 3만 달러를 벌게 된다. 사업의 나머지 부분은 모두 자동화했기 때문에 내 시간을 투자해서 리드의 양을 늘리는 것이 이익을 높일 가장 좋은 방법이다.

그리고 웨비나를 통해 직접 판매를 할 때마다 나는 시간당 평균 3~5만 달러 정도를 번다. 이는 엄청나게 큰돈이다. 그래서 나는 가능한 모든 시간에 고객들을 웨비나에 등록하게 만들고 상품을 판매하는 일에 투자해야 한다.

마지막으로 내가 영업용 자료를 제작하기 위해 1시간을 투입할 때마다 그 결과로 약 4천 달러 이상을 번다. 그래서 리드를 창출하거나 웨비나에서 판매할 때가 아니면 나는 사업에 필요한 영업용 자료를 제작한다. 그 외 나머지 시간은 직원들에게 업무를 위임하며 보낸다. 15분을 할애해 업무를 위임할 때마다, 직원들의 수백 시간이 내 것이 된다. 다시 말하지만 이는 시간 투자 대비 수익률이 굉장히 높다.

내가 어떻게 맡길 수 있는 일들은 모두 위임하고 시간을 집중적으로 사용해 수익을 올리게 됐는지 알겠는가? 이것이 세계의 부자들이 점점 더 부자가 되는 방법이다. 또한 무일푼인 사람들과 트래픽 파이터들이 단시간 내 부자가 될 수 있는 방법이기도 하다. 당신이 원하는 만큼 부자가 되려면 돈을 벌어 주는 일에 집중하고 나머지 일은 위임하라.

부자들의
돈 버는 행동

▮▮▮▮▮▮▮▮▮▮▮▮ 조심하라! 일단 부자가 되고 나면 당신이 부자가 된 행동이 더 큰 부자가 되는 것을 방해할 수 있다. 그 행동들 때문에 당신은 계속 어느 수준에만 머무를지 모른다. 항상 기억하라. 같은 일을 반복하면서 다른 결과를 기대할 수는 없다. 당신이 한 달에 10만 달러를 버는 일을 한다면, 그 일을 똑같이 반복해서는 한 달에 20만 달러 벌기를 기대할 수 없을 것이다. 그래서 내가 당신의 소득 수준에 상관없이 투자수익률을 최대화하는 행동을 하도록 멋진 시스템을 개발했다. 이 시스템은 당신의 경험 수준과 상관없다.

마케팅 서비스 사업을 이제 막 시작하는 완전 초보자의 관점에서 시작해 보자. 초보자의 이름은 에이미다. 첫 번째 목표는 한 달에 1만 달러를 버는 것이다. 에이미가 첫 번째로 할 일은 우리가 앞에서 했듯이 큰 목표들을 적어 보는 것이다. 에이미는 목표를 이루기 위해 한 달에 1,000달러씩 지불하는 고객을 총 10명 얻어야 한다는 사실을 알아냈다.

큰 목표: 한 달에 1,000달러씩 지불하는 고객을 총 10명 유치해서 한 달 1만 달러 소득 달성하기.

다음은 이 달의 목표와 과제를 적어야 한다. 초보자인 에이미는 베테랑 마케터들이 이미 달성한 목표들을 많이 갖고 있다. 초보자라 정말 좋은 점은 모든 행동이 어느 정도 수익률을 낸다는 사실이다. 그래서 시작 단계에서 가능한 많이 행동하는 것이 아주 중요하다. 에이미가 이 목표들 중에 한 가지만 완수해도 돈을 벌 수 있을 것이다.

이 달의 목표:
- 마케팅 책 4권 읽기.
- 검색 엔진 최적화로 웹 사이트 순위 올리는 연습하기.
- 구글애드워즈와 페이스북 광고 배우기.
- 사업 웹 사이트 개설하기.
- 잠재 고객에게 구매 권유 전화하고 이메일 보내기.

이제 에이미가 할 일은 각 목표를 살펴보며 자신에게 질문을 던지는 것이다.

'이 목표가 나의 큰 목표를 달성하는 데 얼마나 많은 영향을 줄까?'

마케팅 책 4권 읽기: 마케팅 책을 읽으면 판매를 더 잘하는 데 도움은 될 것이다. 하지만 한 권당 7시간으로 계산하면 최소 28시간이 걸린다. 이는 직접적으로 어떤 소득도 창출하지 못한다. '한 달에 1만 달러 소득'이라는 목표를 달성하는 데에도 직접적인 도움이 안 된다. 판매 관련 자료를 절대 공부하지 말라는 이야기가 아니다. 단지 배움 자체를 목적으로 두고 최대한 많이 알고자 하기보다는 배우고 훈련한 판매 기술을 적용하는 데 더 집중할 필요가 있다는 말이다.

검색 엔진 최적화로 웹 사이트 순위 올리는 연습하기: 이 활동은 더 훌륭한 서비스를 제공하는 데 도움이 된다. 하지만 한 달에 소득 1만 달러 목표에는 선혀 다가서지 못할 것이다.

구글애드워즈와 페이스북 광고 배우기: 다시 말하지만 배운다고 돈이 들어오지는 않는다. 아무도 에이미에게 광고하는 법을 배우라고 돈을 주지는 않을 것이다.

사업 웹 사이트 개설하기: 웹 사이트가 있어도 고객이 없으면 돈을 전혀 벌 수 없다. 이 또한 시간 낭비다. 외부 업체나 팀 구성원에게 쉽게 맡길 수 있는 일이다.

잠재 고객에게 구매 권유 전화하고 이메일 발송하기: 이 일만 직접 돈이 되는 활동이다. 전화로 고객을 유치하거나 이메일을 발송하는 데 8시간을 쏟는다면, 실제로 고객을 유치할 확률이 매우 높다. 에이미가

15시간을 일할 때마다 고객 1명을 유치한다면, 한 달에 160시간 일했을 때에는 고객 10명을 유치할 수 있을 것이다.

에이미가 이달 말까지 고객 10명을 유치하기 위해 시간을 들여 집중할 유일한 일은 '잠재 고객에게 구매 권유 전화를 하고 이메일 발송하기'다.

이 사례를 보면 다른 업무들도 모두 적절한 목표처럼 보인다. 하지만 그중 무엇도 사실상 에이미에게 직접 돈을 벌어 주지는 못한다. 돈을 벌고 큰 목표에 다가서려면 고객의 지갑을 여는 수밖에 없다. 그게 전부다. 에이미에게 가장 높은 투자수익률을 가져오는 활동은 고객에게 상품을 판매하는 것이다. 따라서 매일 깨어 있는 시간에는 항상 이 일을 해야 한다.

제대로 일할
시간이다

돈을 빨리 벌고 싶은데 초보자라면 오직 돈을 벌어 주는 활동에만 집중해야 한다. '지금' 돈이 필요한 초보자들이 시간을 많이 들여 관련 주제에 대해 읽고 배우면서, 또 한꺼번에 모든 일을 처리하는 것을 본다. 이게 꼭 잘못됐다고 할 수는 없다. 관련 책을 읽으면 한 달 뒤에 돈을 더 많이 벌 수도 있을 것이다. 하지만 지금 전화를 들어 고객을 유치하거나 소득을 창출하는 활동만 하면 '오늘' 돈을 벌 수 있음을 알아야 한다. 또한 일을 배우기만 할 때보다 실제로 행동하면 훨씬 더 많은 것을 배울 수 있음을 알아야 한다. 내 말을 믿어라. 이제 그만 배워라! 돈을 벌어라!

참고로 이 말을 읽고 나서 당신은

'그렇다면 굳이 이 책을 읽어야 할 이유가 뭐지?'

그런 논리라면 당장 이 책을 덮고 실제로 행동하는 것이 최선 아닌가! 100퍼센트 맞다. 하지만 목적 없이, 제대로 된 핵심 사고방식을 갖추지 않고 하는 행동은 헛된 노력이 될 수 있다. 이 책이 아주 중요한 이유는 당신이 10배는 효과적으로 행동할 수 있게 만들고, 사업가 대다수가 겪은 고난을 경험하지 않고도 올바른 선택을 내리게 돕는 믿음과 사고방식을 알려 주기 때문이다.

초보자를 부자로 만들어 준 행동이 사업으로 성공한 후 더 부자가 되고자 할 때에는 방해가 될 수 있다. 이것은 또 무슨 말일까?

에이미가 고객 10명과 계약해서 한 달에 1만 달러를 번다고 해 보자. 더불어 오직 판매에만 집중하도록 수익의 30퍼센트를 떼 서비스를 제공할 사람을 고용했다. 에이미의 새로운 목표는 한 달에 10만 달러를 버는 것이다. 이를 위해서는 매달 1,000달러씩 지불하는 고객이 100명 필요하다. 문제는 15시간에 고객 1명을 얻는 속도로는 한 달에 10명과만 계약할 수 있다는 것이다. 그럼 비즈니스 대부분에서 으레 그렇듯 일부 고객이 계약을 해지하면 한 달에 수입 10만 달러를 올리는 데 시간이 꽤 걸릴 것이다.

이제 에이미가 할 일은 현재 하고 있는 판매 활동, 즉 고객 10명을 확보하는 데 도움이 된 활동들을 적어야 한다. 그 다음 그중 정말로 돈을 버는 활동이 무엇인지 명확히 밝히는 것이다. 이번에는 그 활동들에 각각 시간을 어느 정도 할애했는지까지 명확히 밝혀야 한다.

이달 완수한 목표:

- 구매 권유 전화 500통 하기 – 40시간
- 이메일 1,000통 보내고 답변하기 – 40시간
- 후속 전화 240통 하기 – 40시간
- 일대일 미팅으로 거래 성사하기 – 40시간

이 목표들을 훑어보고 수입과 어떤 상관이 있는지 알아보자. 이 일들을 해서 한 달에 1만 달러를 벌었다는 것을 기억하라. 이제 이 목표로는 한 달에 10만 달러를 벌 수 없다. 여기 그 이유가 있다.

구매 권유 전화 500통 하기: 구매 권유 전화는 일대일 미팅으로 이어질 수 있다. 하지만 직접 돈을 벌어 주지는 않는다. 물론 사업 시작 단계에서는 돈을 벌게 해 줬다. 당시에는 이 활동을 외부에 맡길 만한 돈도 없었다. 그리고 구매 권유 전화가 실제로 고객을 유치하는 데 일부 도움이 됐기 때문에 할 수밖에 없었다. 하지만 이제는 새로운 목표에 이르기 위해 고객 100명이 필요하다. 구매 권유 전화는 시간이 너무 많이 소모되고 목표 달성을 위해 만족시켜야 할 투자수익률을 거둘 수 없는 활동이다.

이메일 1,000통 보내고 답변하기: 이것도 구매 권유 전화와 똑같은 문제가 있다. 이메일 발송과 답변은 고객과의 미팅으로 이어질 수도 있다. 하지만 시간 소모가 크고 직접 돈을 벌어 주지는 않는다.

후속 전화 240통 하기: 또 똑같은 문제다. 후속 전화도 직접 돈을 벌어 주지 않는다.

일대일 미팅으로 거래 성사하기: 이 활동이 돈을 버는 활동이다. 에이미는 약 1시간을 들여 참석하는 회의에서 절반가량 계약을 성사한다. 이는 회의에 참석하는 총 40시간 중 2시간 꼴로 새로운 고객 1명을 확보한다는 의미다. 즉 시간당 500달러를 벌 수 있다.

에이미가 한 달에 10만 달러를 벌기 위해 할 활동은 무엇일까? 아주 뻔하다. 에이미는 매일 일대일 거래 성사 미팅에 집중해야 한다. 이 활동으로 시간당 500달러를 벌 수 있다. 매달 160시간을 일하면 그녀는 한 달에 8만 달러를 추가로 벌 것이다. 이 소득은 계속 발생하면서 알아서 쌓인다. 그래서 5~6주 정도만 지나면 한 달에 10만 달러를 쉽게 넘길 수 있다. 이로써 적어도 한 달에 10만 달러를 벌 만큼 자기 시간의 가치를 높였다.

이제 에이미는 무엇을 더해야 할까? 간단하다. 구매 권유 전화를 하고 이메일을 보내고 후속 전화를 걸 직원들을 고용하면 된다. 직원들은 에이미가 하루에 8시간 동안 미팅에 참여할 수 있도록 전화를 걸고 이메일을 보내는 일을 대신할 것이다.

에이미는 이제 한 달에 10만 달러를 벌고 있다.

방법을 알겠는가? 당신의 일과에서 투자수익률이 높은 활동들을 찾아내라. 그리고 투자수익률이 낮은 활동들을 제거하라. 우리는 이 연습 과제를 반복하면서 더 많은 돈을 벌 수 있다. 자신의 현재 소득에 좌절하면서도 어떻게 높여야 할지 잘 모르겠다면 목표를 상세히 적어라. 목표 중 무엇이 우리가 달성해야 할 수익률에 직접 영향이 없는지 찾아내라. 그 다음 그 활동들을 아예 그만두거나 다른 사람을 고용하라. 그들이 일을 대신 하도록 만들어라.

슈퍼 리치의 투자수익률은 천문학적이다

나는 세상의 부유한 사람들을 조사하고 유심히 지켜봤다. 그리고 그들 모두가 자신의 시간을 사용하는 방법을 선택하는 데 아주 뛰어나다는 사실을 알게 됐다.

당신은 마크 저커버그가 소프트웨어를 코딩하는 모습을 보지 못할 것이다. 그 누구도 코딩만으로 순 자산 260억 원을 창출할 수는 없다. 대신 개발업자 1,000명을 지휘하며 사용자를 더 많이 끌어모을 방법을 찾아서, 자신의 모든 일에서 투자수익률을 수천 배로 높이는 모습을 보게 될 것이다. 또 당신은 워렌 버핏이 회사 하나만 이끄는 모습은 보지 못할 것이다. 회사 하나만 이끌어서는 아주 빨리, 아주 많은 돈을 벌 수 없기 때문이다. 당신은 버핏이 회사 200곳에 투자하고 그 회사들을 동시에 이끌면서 투자 시간에 대비 200배의 수익을 얻는 것을 보게 될 것이다.

우리는 분명 판매하는 상품에 시간당 혹은 품목당 더 높은 가격을 매길 수도 있다. 투자수익률을 높이는 가장 쉬운 방법은 자신이 주요 업무에만 집중하도록 다른 사람을 고용하는 것이다. 아주 많은 직원을 둬서 업무를 수행하게 만드는 사람은 엄청난 수익률을 창출할 수 있다. 하지만 혼자 일하는 사람은 오직 자신이 물리적으로 해낼 수 있을 만큼만 일할 수 있다.

아홉 번째

부자는
사람 상대를 잘한다

돈이 사람을
통제한다

■■■■■■■■■■ 돈은 실재하지 않는다. 적어도 많은 사람이 생각하는 방식으로는 말이다. 한번 생각해 보라. 당신이 지구상에 존재하는 유일한 사람이라면 돈은 가치도, 쓰임새도 없다. 인류 발전 단계의 현시점에서 돈은 일부 상황에서는 유형으로 존재하지 않는다. 주식 시장을 보라. 오르락내리락하며 컴퓨터 화면 위에 뜨는 숫자들은 인간을 그리스 신보다 막강하게 만들 수도 있고 지저분한 부랑자보다 힘없이 만들 수도 있다. 하지만 결국 그저 컴퓨터 신호일 뿐이다.

그런 숫자들과 종잇조각이 막강한 영향력을 갖게 된 이유는 사람들이 거기에 힘을 부여했기 때문이다. 당신은 다른 사람들 없이는 부자가 될 수 없다. 누군가 부자가 되려면 부자를 영향력 있는 사람으로 만들어 줄 힘을 다른 사람들이 부여한다. 그들은 당신에게 돈을 주기 위해서라도 존재해야 한다.

돈은 무엇일까? 돈은 다른 사람들을 통제할 수 있는 힘이다. 돈을 주고 받으며 사람들은 서로에게 영향력을 행사할 수 있다. 누군가는 사람들이 자신의 집을 짓게 할 수 있으며, 누군가는 사람들이 자신에게 자동차를 주게 할 수 있다. 또 누군가에게 어떤 사람들은 수천 마일이나 떨어진 곳에서 생선을 잡아 비행기로 나르고 요리를 한 뒤 야채와 와인 한 병을 곁들여 내올 것이다.

돈은 가치가 있다고 여겨지기 때문에 힘이 있다. 그것이 당신이 돈을 식료품과 옷, 오토바이로 교환할 수 있는 이유다. 돈의 가치는 그것이 가치와 힘이 있다고 믿는 사람들의 신념에서 나온다. 그 신념이 없으면 돈은 가치 없이 무의미하다. 당신은 이 개념을 받아들여야 더이상 돈 자체에 집중하지 않을 것이다. 돈을 가치 있게 만드는 사람들을 이해하고 그들이 당신에게 돈을 주도록 방법을 알아내는 데 집중할 것이다.

조금이라도 돈을 벌려면 당신은 다른 사람들이 필요하다. 뿐만 아니라 그들이 당신에게 돈을 주고 싶게끔 만들어야 한다. 그러니까 돈을 벌 수 있는 진짜 비결은 사람들이 당신에게 돈을 주도록 만드는 것이다. 그러려면 당신은 그들을 좋은 의미로 통제하거나 설득해야 한다. 즉 '부자가 되겠다'는 말은 다른 사람들에 대한 통제권을 쥐겠다는 것이다. 이 같은 방식으로 생각하기 시작할 때 당신은 대단한 성공을 거두는 법을 발견하게 될 것이다.

'사람', 이번 장의 모든 것이다. 하지만 이는 돈을 단순히 돈 자체로만 바라보는 사고방식에서 벗어나는 것에 관련됐다. 이 같은 사고방식으로는 부의 창출에 관한 가장 값진 교훈을 놓치게 될 것이다.

사람을 이해하라

어떤 일이든 당신이 하기로 한 일에서의 성공 여부를 결정짓는 것은 사람들이다. 당신의 성공 정도는 오직 당신이 얼마나 다른 사람들의 결정을 훌륭하게 통제하느냐에 달렸다. 당신이 그러는 동안 다른 사람들도 끊임없이 당신의 결정을 좌우하려고 시도할 것이다. 이때 당신이 어떻게 반응하고 판단해서 사람들을 움직이느냐가 당신의 성공을 결정짓는 가장 중요한 요소다.

부자가 된 사람은 다른 사람들을 이해하고 있는 사람이다. 당신도 알겠지만 트래픽 파이터로 사는 사람들이 저지르는 가장 큰 실수는 사람들을 이해하려 하지 않고 돈을 벌려고 하는 것이다. 트래픽 파이터가 생각하는 돈은 일해서 버는 것, 자신의 계좌에 연결된 마법 같은 머니 웜홀에서 나오는 것이다. 모든 돈은 누가 벌었든 본래 다른 사람의 계좌에서 나왔다. 그리고 가치 있다고 여기는 것을 교환한 결과다.

사업을 시작하는 많은 사람이 이 사실을 놓친다. 그래서 사람에 대한 고민 없이 사업을 한다. 그들은 자신이 사람들을 이끌어야 한다는 사실을 잊고 사람들을 설득해야 한다는 사실을 잊는다. 그리고 무엇보다 사람들을 움직이게 만들어야 한다는 사실을 잊는다. 자신이 가져야 할 요건이 사람들이 돈을 내고 싶게 만들어야 하는 것임을 잊는다. 이는 사람들에게 사랑받는 것과는 명확히 다르다.

스티브 잡스를 떠올려라. 대부분의 영화와 다큐멘터리에서 스티브 잡스는 보통 미움받으며 많은 사람에게 '나쁜 자식'으로 여겨진다. 물론 사람들은 스티브 잡스를 경영자로서, 또 그가 세상에 내놓은 물건 때문에 사랑하고 숭배했다. 하지만 인간적인 면에서 그는 호감형은 아니었다. 세상에는 우리가 좋아하는 사람이 아주 많다. 하지만 그렇다고 그들을 만날 때마다 그냥 20달러를 건네지는 않는다. 하지만 스티브 잡스는 남달랐다. 그는 사람들이 원하기도 전에 그것이 무엇인지 파악했다. 그래서 사람들은 그에게 돈을 건넸다.

스티브 잡스는 사람들을 손바닥 보듯 훤히 알았다. 사람들이 무엇에 움직이고, 무엇에 흥미를 갖고, 무엇에 엄청난 돈을 쓰는지 알았다. 그는 직원이든 소비자든 어떻게 해야 사람들이 자신이 원하는 일을 들어 줄지 알았다.

누가 그의 상품을 코딩했는가? 누가 그의 상품을 설계했는가? 누가 그의 상품을 제작했는가? 누가 그의 상품과 브랜드를 입소문 냈는가? 누가 돈을 내고 그 모든 상품들을 샀는가? 모두 다른 사람들이다.

개인적으로 예전에 스티브 잡스가 이끌던 시절의 애플 상품들은 기술적인 면에서 다른 회사 상품들에 뒤쳐졌다고 생각한다. 고장도 잦고 다른 회사 제품만큼 혁신적이지도 않았다. 시장에는 훨씬 나은 선택지가 많았다. 하지만 애플은 항상 '쿨하고 멋진 기기'의 대가로 사람들이 수백 수천 달러를 지불하게 만들었다.

이것이 바로 사람을 이해해서 그들이 당신이 원하는 일을 하게 만드는 방법을 아는 위력이다. 사람들을 통제하지 못한 상태에서는 자신의 목표를 달성할 수 없다. 혼자 힘만으로는 부자가 될 수 없다. 결국 당신의 부에 더 많은 영향을 미치는 것은 당신 자신이 아니라 다른 사람들이 될 것이다.

시작에 앞서 당신을 카리스마 있는 리더나 판매 챔피언으로 훈련시키는 것이 아님을 밝힌다. 목표는 당신에게 경각심을 불러일으키는 것이다. 사람들은 너무 자주 '사람 컴포트 존'을 떠나지도 않으면서 부자가 되려고 한다. 사람들을 다른 방식으로 대해 보지도 않고, 그들의 생각을 알려고도 하지 않으면서 말이다. 당신은 성공에 사람들이 얼마나 중요한지, 그래서 사람을 정말로 이해하는 일이 얼마나 필수 불가결한지 꼭 알아야만 한다.

이는 당신이 개인적으로 호감 가는 사람이 돼야 한다는 말이 아니다. 당신이 다른 사람들을 좋아해야 한다는 말도 아니다. 당신이 인간적으로는 비열하고, 무례하고, 매력 없을 수도 있다. 하지만 성공하려면 당신은 사람들을 이해해야 하며, 그들이 당신이 원하는 일을 하게 만드는 방법을 알아야 한다. 이것은 그야말로 '진짜'다. 이제 문제는 이것이다.

'사람들에 대한 이해를 돈 벌기로 어떻게 이어지게 만드는가?'

당신의 타깃 고객이 무엇을 원하고 필요로 하는지 알아냈다고 하자. 그것을 어떻게 상품을 팔고 돈을 받아 내도록 이어지게 만들까? 사람에 대한 이해와 돈 벌기를 잇는 기술이 하나 있다. 바로 판매 방법을 배우는 것이다.

한 가지만 배우라면,
판매다

돈 벌기의 핵심은 상호 작용이다. 인터넷 광고를 통해서든, 회의실 테이블 위에서든, 대면 구두 계약에서든 언제나 한쪽이 상대방에게 돈을 더 쓰도록 설득하기 마련이다. 이런 상호 작용 없이 성사되는 거래는 없다.

성공하는 가장 빠른 방법은 판매의 귀재가 되는 것이다. 다소 쓸모 없어도 수백 달러를 벌어들이는 상품이 있는가 하면, 정말 훌륭해도 수익을 거의 못 내는 상품이 있다. 결국 모두 당신이 사람들을 얼마나 잘 설득해서 지갑을 열게 하고, 또 그렇게 한 것에 그들이 만족하게 만드느냐에 달려 있다.

부동산 사업을 시작하는 일도 쉬워진다. 사람들이 원하는 매물이 무엇인지, 또 어떻게 해야 그들이 집을 사는지 누구보다도 잘 알기 때문이다.

온라인 비즈니스를 운영하는 일도 간단해진다. 사람들의 비위를 맞추는 광고는 구매 전환율이 매우 높고 상품은 거부하기가 불가능하기 때문이다.

단백질 파우더 사업을 시작하는 일도 순조롭다. 당신의 상품과 광고가 경쟁자들의 상품보다 잠재적 소비자들의 마음을 더 많이 움직이기 때문이다.

검색 엔진 최적화 마케팅 서비스로 한 달에 10만 달러 수입을 올리는 것도 식은 죽 먹기다. 어떻게 설득해야 여러 회사가 당신에게 검색 엔진 최적화 컨설팅을 받고 한 달에 2만 달러를 지불할지 당신은 알기 때문이다.

판매를 잘하면 만사가 쉽다. 나는 일주일을 하루도 빠짐없이 엄청난 대기업으로 걸어 들어가 10만 달러 수표를 써서 나오는 사람들을 알고 있다. 그들은 기업을 감동시키면서 무슨 불로장생약이라도 건네받는 기분을 느끼게 만드는 법을 알기 때문이다. 당신도 판매하는 법을 알면 지금 당장이라도 할 수 있는 일이다.

반면 판매 방법을 모르면 모든 프로젝트가 생지옥이다. 하지만 이런 이유로 판매를 다른 누군가에게 떠맡기는 것은 바람직하지 않다. 다른 누군가가 당신의 소프트웨어를 코딩할 수는 있다. 다른 누군가가 당신의 제품을 제조할 수는 있다. 다른 누군가가 대신 어떤 일이든 해 줄 수 있을 것이다. 하지만 그 누구도 당신만큼 당신의 판매 제품과 목표 고객을 알지 못한다. 당신만큼 수익률을 신경 쓰지 않는다. 그러므로 그 누구도 당신만큼 잘 판매할 수 없다.

모든 사업에서 가장 중요한 것은 판매다. 사업 성장은 판매에 달렸다. 훌륭한 제품이어도 팔지 못하면 죽은 사업이다. 가능하다면 당신은 내일이라도 당장 부동산 사업을 시작하고 이번 주에 백만 달러짜리 거래를 따낼 수 있다. 아직 판매를 제대로 하지 못한다면 판매의 달인이 돼라. 이것이 우선순위에서 처음이 될 필요가 있다.

부자는 감정을 움직인다

보통밖에 안 되는 사업가들은 상품을 제공하고 상품을 판다. 그러나 대단히 성공한 사업가들은 감정을 제공하고 감정을 판다. 다음 예시를 보자.

다른 검색 엔진들 vs 구글
다른 스마트폰들 vs 아이폰
다른 자동차들 vs 페라리
일반 카페들 vs 스타벅스
일반 의류점들 vs 루이비통

다른 모든 에너지 드링크 vs 레드불

이 모든 경우에서 명백한 승리자는 한 가지 브랜드다. 아이폰은 블랙베리보다 훨씬 많이 팔린다. 모두가 이 사실을 알지만 막상 그 이유를 물으면 진짜 정답을 내놓지 못한다.

사람들은 '아이폰이 그냥 더 멋지잖아요', '최첨단이니까요', '사용하기 편하니까요'와 비슷한 말들을 한다. 기술 사양은 말하지 않는다. 또는 아이폰이 왜 첨단이고 어떻게 사용하기 더 편한지 설명할 수도 없다. 사실 사람들이 아이폰을 사는 진짜 이유는 기기 자체와는 아무 관련이 없다. 아이폰을 소유하는 것이 불러일으키는 감정 때문에 사는 것이다. 이를테면 멋지다거나 현대적이고 최신 유행을 따르는 것 같다는 느낌이다.

이는 판매 외에도 훨씬 많은 곳에 적용된다. 당신이 사람들의 감정을 붙잡으면 사람들은 무의적으로 모여들 것이다. 모두 당신이 소유한 것을 원하게 될 것이다. 최고의 직원들은 당신을 위해 일하고 싶어 하고 세계에서 영향력 있는 사람들은 당신과 인맥을 맺고 싶어 하고, 소비자들은 며칠을 줄서서 경쟁사 제품의 반도 못 쫓아가는 당신 제품을 경쟁사 가격의 5배를 지불하고 살 것이다. 사람들은 감정의 지배를 받는다. 긍정적이고, 행복하고, 타인에게 인정받고 있다는 감정을 느끼기를 원한다.

당신은 진입할 산업을 선택하고, 판매할 상품을 설계하고, 특히 광고와 마케팅을 시작할 때 이 교훈을 반드시 명심해야 한다. 모두 앞서고 싶다면 최고의 상품이 아니라, 사람들이 최고라고 '느끼는' 상품과 브랜드를 보유해야 한다. 그리고 그런 메시지를 전달해야 한다. 이를 위해서는 매일 어느 정도 시간을 들여 사람에 대해 알아나가야 한다. 사람들에게 판매하는 일이든, 사람들을 지휘하는 일이든, 사람들의 감정을 지배하는 일이든 당신은 그 모든 일을 알아야 한다. 그러니 지금 당장 시작하라.

사람들에 대한 이해는 좋게도, 나쁘게도 쓰일 수도 있다. 사람들을 이해하고 형편없는 상품에 돈을 쓰도록 만들고 해가 되는 일을 하도록 교묘히 조정하라는 것이 절대 아니다. 오래된 담배 광고나 온라인 사기꾼들처럼 말이다. 사람들을 이해해서 그들의 삶을 개선시키고 그 대가로 엄청난 돈을 벌어라.

앞서 직접 돈이 되면서 다른 사람에게 위임할 수 없는 일들에만 당신이 집중해야 한다고 이야기했다. 판매는 당신이 집중할 일이다. 때문에 판매를 잘하는 법을 배우는 일도 당신이 집중해야 할 일이다. 매일 조금씩 시간을 내서 사람들을 이해하는 방법을 배운다면 매출 증가로 이어질 것이다. 궁극적으로 당신은 더 많은 돈을 벌 것이다.

그럼 이제는 초보자와 베테랑이 각각 부를 창출하는 데 이를 어떻게 적용할 수 있을지 살펴보자.

사람이 불편한
아마추어

초보자라면 사람들을 이해하는 일에 분명 취약할 것이다. 왜 사람들이 다른 상품들 대신 특정 상품을 선택하는지 알고 싶지 않은가? 혹시 컴포트 존을 떠나고 싶지 않은가? 애써 새로운 사람들을 만나고 싶지 않은가? 판매는 생각조차 하기 싫은가? 그렇다면 누군가에게 무엇인가를 팔기 위한 첫 번째 단계도 알지 못할 것이다.

나는 이런 모습을 항상 봐 왔다. 이런 문제들이 바로 많은 사람이 인터넷 마케팅에 끌리는 이유다. 나는 그런 사고방식을 가진 사람들 앞에 서고 싶지 않아서 더 이상 직접 강연은 안 한다. 당시에는 게을러서가 아니라 누군가와 대면하지 않고 돈을 벌고 싶어서 '집에서 속옷 바람으로 온라인으로 돈 벌기'라는 열풍에 빠져들었다.

초보자 대부분은 사람들을 이해해야만 하는 일을 피하기 위해서라면 무슨 일이든 할 것이다. 그러고는 그림자 같은 존재가 돼서 버튼만 누르면 엄청난 돈을 벌 수 있기를 바란다. 하지만 실상은 그렇게 돌아가지 않는다. 사업가와 인터넷 마케터들이 엄청나게 성공하는 경우, 그 이유는 자기 회사의 그 누구보다도 사람을 잘 이해하고 있기 때문이다. 앉아서 코딩하고, 목록에 있는 고객들에게 이메일을 발송하는 일은 아무나 할 수 있다. 리더에게 필요한 일은 그 모든 일이 실제 사람들의 지갑을 여는 일로 이어질 수 있도록 만드는 것이다.

지금 당신이 생각하는 것과 정반대로, 백지 상태에서 시작하면 사람을 이해하고 혜택을 얻는 것이 아주 쉬울 것이다. 정말 비즈니스 베테랑보다 당신에게 더 쉬운 일이 될 수 있다. 당신의 뇌에는 아직 베테랑만큼 많은 비즈니스 전술이 박혀 있지 않기 때문이다. 당신은 지금 새롭게 시작한 것은 큰 장점이다.

초보자로서 당신이 당장 집중할 일이 두 가지 있다. 바로 '파는 일'과 '사람들과 편해지는 일'이다. 그래서 사람들이 업무를 수행하도록 지휘하는 일이다. 당신이 이를 해낸다면 성공은 어렵지 않다.

1. 파는 일이 전부다

누군가 무언가를 사기 전까지 비즈니스는 실현되지 않는다. 그렇지 않은가? 당신이 세계 최고든 최악이든 상품을 만들 수는 있지만 누군가 사지 않는다면 그것은 아무 의미가 없다.

이는 당신이 가능한 빨리 판매를 빠삭하게 알아야 한다는 의미다. 앞서 언급했듯이 가장 잘 배울 방법은 머리부터 사업에 뛰어드는 것이다. 하지만 이번 경우에는 사업 외에도 책이나 인터넷 강의를 통해 학습으로 경험을 보충해야 한다. 배우고 읽는 모든 것이 반드시 매출 향상과 소득 증대로 연결되도록 만들어야 한다.

2. 사람들을 대하는 데 편해지기

다음으로 할 일은 사람들을 대하는 데 편해지는 방법을 배우는 것이다. 이 일은 아주 간단하다. 사람들과 편해지려면 스스로를 사람들을 상대해야만 하는 상황으로 몰아넣으면 된다. 이게 전부다. 말처럼 쉽지는 않을 것이다. 사람들은 대부분 웃음거리가 되기 싫어서 구매 권유 전화를 걸거나 마케팅 행사에서 낯선 사람에게 말 거는 것을 피한다. 여기에서 알아야 할 사실은 두 가지다.

- 당신은 아마 웃음거리가 될 것이다.
- 그래도 전혀 문제가 없다.

행사에 참석하기, 행사에서 연설하기, 고객에게 말 걸기, 이성에게 다가가기, 잠재적 사업 파트너와 멘토에 접근하기 등 이 모든 일을 처음 할 때 나 또한 몹시 긴장했고 아주 서툴렀다. 하지만 수년 동안 해보니 현재는 전부 아주 잘하게 됐다. 왜일까? 그저 같은 일을 반복해서 그 일들이 결국 편해졌기 때문이다. 당신은 스스로 비사교적이라거나 특정한 사회적 상황에서는 불안해한다고 생각할 수 있다. 하지만 성공이 목표라면 자신을 몰아붙여서 그런 상황에서 편해질 방법, 매력적으로 보일 방법을 배워야 한다.

도전이 필요한 상황에 자신을 적극적으로 내던져라. 뿐만 아니라 당신을 사회적으로 불편하게 만드는 상황을 절대 피해서는 안 된다. 물론 온당한 범위 내에서 말이다. 그저 할 수 있다는 것을 증명하려고 나체로 참여하는 행사에 갈 필요는 없다. 당신이 불편한 일을 하면서 배우고 성장할 수 있다는 말이다. 이는 부와 성공에 이르기 위해 반드시 필요하다.

사람이 불편한 베테랑

상처가 될 말이지만, 당신이 사업으로 돈을 조금 벌었다고 해서 사람들을 이해하고 있다는 의미는 아니다. 당신이 진정 사람을 이해하는 데 뛰어나다면, 이미 아주 성공해서 이 책을 읽을 필요도 없었을 것이다. 대부분의 사업은 다른 사람들이 원한다고 생각되는 것이 아니라 사업주 자신이 최고라고 생각하는 것을 중심으로 구축된다.

나는 종종 사람들이 만든 훌륭한 상품이나 서비스를 보지만, 그게 전부다. 그들이 판매도 하고 소득도 어느 정도 올리겠지만, 사실 그 제품은 사람들을 흥분시키지 못한다. 소비자들은 모든 면에서 어렵고 복잡한 사람들이다. 사람들에게 더욱 집중하기 위해서는 당신의 브랜드 및 제품 비전과 마케팅에 비춰 스스로 질문해 봐야 한다.

비전 관련 질문

- 당신의 제품이 시장에서 대체할 수 없는 가장 멋진 것인가?
- 사람들이 당신의 사업에 열정적인가?
- 당신의 사업에는 어떤 의미가 있는가?
- 이것이 당신이 구상할 수 있는 최선의 사업인가?
- 당신은 솔직히 당신 상품의 소비자가 되고 싶은가?

마케팅 관련 질문

- 목표 고객은 누구인가?
- 목표 고객에 도달할 최선의 방법은 무엇인가?
- 그들은 당신을 존중하는가?
- 당신 회사는 함께하기 즐거운 회사인가?
- 광고에서 판매 제품의 가치를 설명하는가?
- 광고 속 제품이 소비자에게 어떤 느낌을 줄지 주목하는가?

한 걸음 물러서 당신의 비즈니스를 전반적으로 살펴보기를 바란다. 손익분기점에 도달하고, 가능한 많은 고객을 끌어모으기 위해 당신이 할 일이 무엇인지 생각해 보라. 타인과 타인의 욕망, 감정, 필요에 집중하는 것이 사업을 대규모로 확장할 수 있는 비결이다. 사람들은 당신의 제품이나 브랜드와 어떤 방식으로 연결될 수 있을까? 당신은 정말 팔고자 하는 감정은 무엇인가?

애플, 레드불, 스타벅스, 홀푸드, 코믹콘 등을 보라. 이 모든 비즈니스와 행사는 무언가를 상징한다. 사람들에게는 제품 이상의 어떤 의미를 갖는다. 바로 삶의 방식이자 감정이다. 이 브랜드들은 고객층을 진정으로 이해하고 연결한 사업의 훌륭한 예다.

사람과 사람의 감정을 생각하라. 사람들 앞에 자신을 어떻게 내세울지, 사람들이 당신의 브랜드를 떠올렸을 때 어떤 감정이 생길지 생각해야 한다. 그리고 당신이 베테랑이라면 이는 기존의 브랜드와 마케팅을 상당히 많이 바꿔야 함을 의미한다.

지갑을 여는 사람이 없으면 부자도 없다

내가 검색 엔진 최적화 사업을 할 때, 당시 업계에서는 잠재 고객과 판매 기회를 얻기 위한 비용이 지나치게 높아지고 있었다. 나와 직원들은 타깃 고객들의 이메일 주소를 얻기 위한 일이라면 뭐든지 했다. 하지만 사람들이 우리에게 넘어오지 않았기 때문에 리드 획득 비용이 점점 비싸졌다. 우리는 오직 사람들을 숫자로 보고 있었다.

사람들이 원하는 것은 신뢰할 수 있는 서비스를 제공받고 돈을 더 많이 버는 것이었다. 그래서 나는 사전 동의 이메일을 미끼로 사람들을 매수하는 고전적인 수법 대신 단순히 그들이 원하는 것을 줬다.

나는 검색 엔진 최적화 서비스의 구매자와 판매자가 모일 수 있는 100퍼센트 무료 시장을 만들었다. 이 시장은 참여자들에게 판매량을 늘리는 데 필요한 도구를 비롯해 최고의 검색 엔진 최적화 서비스를 찾는 데 필요한 도구를 모두 제공했다. 그러자 무료 시장은 참여하려는 사람들로 트래픽이 넘쳤다.

과거에 경쟁자들도 비슷한 시도를 한 적이 있었다. 그 시장은 무료가 아니었고 판매업자에게 엄청난 돈을 떼 갔다. 그래서 판매업자들은 거기서 사업하고 싶지 않았다. 아주 단순하다. 나는 100퍼센트 무료로 운영했다. 뿐만 아니라 판매업자들과 내 시장을 홍보하는 사람들에게 그들의 매출액 20퍼센트를 성과급으로 지급했다. 나는 사람들이 정확히 원하는 것, 즉 더 많은 돈을 벌고 알맞은 서비스를 구입할 능력을 그들에게 줬다. 나는 사람을 이해한 덕분에 그들이 원하는 것을 정확히 알고 제공할 수 있었다.

결과는 어땠을까? 수만 명이 우리 사업에 새로운 리드로 유입됐다. 더욱 놀라운 점은 판매자들이 우리 시장을 광고하면서 이전에는 엄청나게 지불해야 했던 리드 비용을 무료로 얻을 수 있었다. 그리고 그 결과를 우리 사업으로 끌어와 고객을 만들 수 있었다. 결과적으로 높은 비용을 들이지 않고도 거래 고객을 새로 확보할 수 있었다. 덕분에 나는 사업 매출을 거의 2배로 증가시켰다. 광고비는 거의 전혀 들이지 않고도 말이다. 어떻게 가능했는지 알겠는가? 나는 사업이나 내가 원하는 것을 생각하는 대신 사람과 그들이 원하는 것을 이해하고자 노력했다.

나는 당신이 이 모두를 기억해서 매일 사업에 적용하기를 권한다. 뿐만 아니라 왜 인기 브랜드들이 그토록 충성도가 높은 추종자들을 많이 형성했는지 그 이유도 조사를 시작하기를 바란다. 알아보면 이유가 제품 그 자체와는 거의 상관이 없음을 알게 될 것이다.

열 번째

부자는
친구와 멘토가 있다

어디에서나
친구가 필요하다

■■■■■■■■■■■■ 이 장은 두 파트로 구성됐다. 앞선 내용들은
모두 사고방식을 바꾸는 것과 관련이 있었다. 여기에서는 돈을 벌기
위해 생각을 바꾸지 않아도 되는 내용을 담았다. 꼭 이렇게 하라고 추
천하는 것은 아니지만, 이것이 얼마나 강력한지는 알 필요가 있다.

내 인생에서 가장 멍청하지만 가장 위대하기도 한 경험을 공유하
고 싶다. 나는 월드 오브 워크래프트(WoW)를 수만 시간 했다. 내가 만
일 이 시간을 게임이 아니라 일하는 데 투자했으면 지금보다 10배는
더 가치 있는 사람이 됐을 것이다. 하지만 그 이야기를 하려는 것은
아니다. 이 이야기를 꺼낸 이유는 내용의 신빙성을 입증할 수 있기 때
문이다.

이 게임이 사람들의 삶에 끼친 영향력은 실로 대단하다. 당신도 알겠지만 월드 오브 워크래프트는 멀티플레이 온라인 롤플레잉 게임(MMORPG)이다. MMO는 수천 명이 동시에 접속해서 게임을 즐기는 것, RPG는 스크린에서 다른 사람을 가장해 역할을 수행하는 것을 뜻한다.

당신이 매일 저녁 집에서 도란도란 식사할 때에도 수천 명이 인터넷 서버로 이뤄진 도시에서 상호 작용하며 살고 있다. 되돌아보면 나도 그 경험을 한 것에 웃음이 난다. 한때는 현재 소속된 세계와는 아주 다른 온라인 세계와 공동체의 구성원이었기 때문이다.

월드 오브 워크래프트의 목표는 당신의 캐릭터가 더 잘 싸우는 데 보탬이 되는 훌륭한 무기와 아이템을 얻는 것이다. 당신이 더 많이 싸울수록 당신의 캐릭터는 레벨 업을 하며 더 강해진다. 예를 들어 레벨 5가 가장 높은 레벨 70과 싸워 이기기는 어림도 없다. 최고 레벨을 찍으면 이제는 누가 최고의 기어를 모았느냐의 게임이 된다. 기어도 캐릭터와 마찬가지로 레벨이 있다. 당신이 같은 레벨의 사람들보다 더 나은 기어를 갖고 있다면, 싸워서 그들을 괴멸할 수 있다.

내가 이 이야기를 꺼낸 진짜 이유는 이렇다. 월드 오브 워크래프트에서 최고 레벨에 도달하고 꽤 강한 캐릭터가 되려면, 하루에 8~10시간씩 온종일 게임만 한다고 가정했을 때 수개월이 걸린다. 컴퓨터 앞에 내리 40시간을 앉아 있어도 진전이 없을 수도 있다. 경험상 이는 즐겁지는 않지만 중독성이 아주 강하다. 얼마나 중독성이 강한지 월드 오브 워크래프트는 한때 게임을 하기 위해 한 달에 19달러씩 지불하는 플레이어를 14만 명 이상 보유했다. 게다가 그중 약 5만 명은 높은 레벨을 찍었다. 당신이 언제라도 서버에 접속해 보면 최고 레벨을 단 수천 명이 도시에 넘쳐날 것이다.

한 발짝 물러서서 사람들이 대부분 자신의 전문 분야 하나도 없으면서 일이 조금만 어려워지면 더 이상 노력을 기울이지 않는다는 사실을 기억해 보자. 우리 사회는 무엇이든 끝까지 완수하지 않는 사람들로 가득하다. 기타, 책, 운동, 성공, 또 그 밖에 무엇이든 사람들은 대충할 방법을 찾아낸다. 정말로 성공하고 싶더라도, 적어도 성공하고 싶다고 말은 해도 말이다.

월드 오브 워크래프트가 정말 놀라운 점은 여러 계층의 사람들을 수백 수천 시간 동안 게임에 몰두하게 만든다는 것이다. 게임에 홀딱 빠지면 캐릭터에 공을 들이고 모르는 사람들과 전투를 벌이느라 20시간을 내리 앉아 밤을 새우는 일도 가능하다. 이 상황이 납득이 가는가? 어떤 일이든 이 정도의 시간을 투자해 노력하면 당신은 그 일에서 전문가가 될 것이다. 문제는 사람들 대부분이 시간이 없다고 핑계 대고, 게으르고, 다른 우선 순위를 들어서 그렇게 되지 못하는 것이다.

이 책을 읽은 직후 당신이 미친 사람처럼 깨 있는 모든 시간을 부자가 되는 일에만 몰두한다고 상상해 보라. 깨자마자 컴퓨터를 켜고 20시간씩 일하면서 오직 화장실 갈 때와 집에 있는 아무 음식이나 먹을 때만 잠깐 멈췄다가 피곤에 절어 쓰러져 자고 네 시간 뒤에 깨서

이 모든 일을 처음부터 다시 한다고 상상해 보라. 이를 주말에도 안 쉬고 수개월을 한다고 상상해 보라.

당신이 이 정도로 많은 시간과 노력을 돈 버는 일에 투자하면 부자가 되는 데, 인생에서 원하는 것을 무엇이든지 갖는 데도 전혀 문제가 없을 것이다. 불행하게도 이 정도 수준의 집착은 촉발되기가 상당히 어렵다. 월드 오브 워크래프트는 분명 그 방법을 알고 있다. 당신도 그 방법을 알고 싶은가?

당신이 어울리는 사람들이 바로 당신이다

같은 목표를 가진 사람들로 구성된 공동체에 들어가면 열심히 일하고, 성공하고, 적의 없이 경쟁할 집착이 촉발될 수 있다. 인간은 군생 동물과 유사하다. 모든 개인은 자신의 집단에서 인정받고 싶어 한다. 소속되고 싶은 집단을 발견하면 그 집단에 섞이고 싶고, 일원이 된 듯한 기분을 느끼고 싶어서 마치 그 구성원처럼 행동한다. 그래서 당신은 가장 많은 시간을 함께 보내는 사람들과 유사하게 행동하게 될 것이다.

처음 월드 오브 워크래프트를 시작하면 당신은 게임의 세계로 끌려 들어가 밑바닥 계층 사회로 던져진다. 그리고 당신은 게임의 도시에서 완전 무장한 아주 높은 레벨의 캐릭터를 보게 된다. 그들은 자연스럽게 존경받는다. 게임에서 멋진 캐릭터 중 하나로 멋진 모습을 보이고 싶다면 당신도 존경받는 레벨까지 올라야 한다. 이는 당신이 아주 오랜 시간 동안 게임을 해야 한다는 의미다. 그뿐 아니라 게임을 더 많이 할수록 더 많은 사람과 만나고, 협력하고, 싸우게 된다. 그런 환경은 당신을 아주 경쟁적인 사람으로 만든다. 게임을 더 많이 해서 잘하고 싶은 욕구가 끊임없이 생기게 될 것이다. 즉 함께 같은 게임을 하는 사람들에 둘러싸여 있으면 당신은 곧 경쟁적인 사람이 되고 뒤처지고 싶지 않은 욕구가 생길 것이다.

이런 효과는 사람들을 바꿀 뿐 아니라 완전히 중독시킨다. 그래서 앞서 말했듯이 하루에 20시간을 월드 오브 워크래프트에 매달리게 하는 결과를 가져온다. 이런 일이 꼭 게임에서만 벌어지지는 않는다. 비슷한 경우를 스포츠나 비즈니스 등에서도 볼 수 있다.

부자들은 이를 이해하고 강력하게 이용한다. 당신이 정기적으로 대화를 나누는 사람들을 모두 떠올려 보라. 그중 얼마나 많은 사람이 자기 사업을 하고 있나? 얼마나 많은 사람이 성공했나? 백만장자는 얼마나 되나? 억만장자는 얼마나 되나? 슈퍼 리치는 얼마나 되나? 당신의 대답이 '많지 않다'라면, 그것이 현재 당신이 부자가 아닌 큰 이유 중 하나다. 당신이 어울리는 사람들이 바로 당신이다. 하지만 문제는 사람들 대부분이 돈을 버는 일에서 패배자일 뿐만 아니라, 자신과 똑같이 패배자인 사람들과 어울린다는 것이다. 성공하지 못한 사람들, 당신이 원하는 수준에 도달하지 못한 사람들과만 어울리는 것은 성공을 위한 당신의 여정에 도움이 안 된다.

돈 버는 일에 관심이 없고 여가 시간에 집에 앉아 리얼리티 프로그램만 보는 사람과 대부분 함께하면, 당신도 분명 그들과 똑같이 행동하게 될 것이다. 주변 사람들이 누구도 하지 않는 일에는 거의 동기부여가 안 되기 때문이다. 이미 주변 사람들과 동일한 수준이기 때문에 당신은 돈을 벌고 싶다거나 더 발전하고 싶다는 욕구가 거의 생기지 않을 것이다.

반면 당신이 대부분의 시간을 부자가 되기 위해 노력하는 사람들과 함께한다면, 당신도 그들처럼 하고 싶다는 강렬한 욕구가 생길 것이다. 당신은 그들의 대화에 끼고 싶을 것이다. 그들과 동등해지고 싶을 것이다. 그들이 각 분야에서 경쟁력이 있는 것처럼 당신도 당신의 분야에서 경쟁력이 있기를 바랄 것이다. 이는 월드 오브 워크래프트의 공간으로 들어가 모든 사람이 레벨 70인 것을 알게 되는 것과 마찬가지다. 거기에 끼고 싶으면, 하다못해 주목이라도 받고 싶으면, 당신은 레벨을 올려야 한다.

당신이 특정 유형의 사람들에 둘러싸이면 어떻게 될까? 동기를 부여받을 것이다. 그들이 하는 일을 즐기게 될 뿐 아니라 자연스럽게 함께 성장할 것이다. 게임의 한 무리에서 당신이 사람들과 함께 레벨 1부터 시작하고, 함께 노력해서 결국 높은 레벨에 도달하는 것이다. 돈을 비롯해 운동, 농구, 미적분 등 무엇을 배우더라도 마찬가지다.

나는 돈 벌기로 작정한 사람들과 만나며 하루를 보낸다. 물론 성공하지 못한 친구들도 있다. 내가 많이 대화하는 사람들은 대부분 사업가다. 가족과 고등학교 친구들을 제외하면 내가 대화하는 사람들은 사업가들밖에 없다.

이것이 세상이 돌아가는 방식이다. 당신이 불어로 말하고 싶을 때 가장 빠른 방법은 불어로 말할 줄 알거나 당신처럼 배우는 사람들과 불어로 말하는 연습을 하는 것이다. 당신이 돈을 벌고 싶으면 이미 돈을 벌었거나 당신처럼 부를 좇는 사람들과 대화해야 한다.

이제 문제는 이것이다. '어떻게 할 것인가?'

사람은 비슷한 사람들을 만나고 싶어 한다

내가 처음 이를 설명하면, 대개는 내가 그저 슈퍼 리치 무리를 친구로 만들라는 이야기를 한다고 생각한다. 그런 말이 아니다. 당신보다 훨씬 성공한 사람들을 친구로 두면 더욱 동기 부여가 되기 때문에 성공하는 데나 그들과 어울리는 데 도움이 된다. 하지만 현재 당신과 같은 위치에 있는 사람들과 친구가 되는 것도 중요하다. 그들과 당신은 함께 성장하고 배울 수 있는 유대관계를 형성하기 때문이다.

당신이 1퍼센트 상류 사회의 일원이 되고 싶다면 그 사람들이나 적어도 그 1퍼센트에 들기 위해 노력하는 사람들과 교류해야 한다.

다행히 대부분의 분야에 뜻이 같은 사람들을 만날 수 있는 포럼, 페이스북 그룹, 클럽, 단체, 대규모 라이브 행사들이 있다.

기업에 마케팅 서비스를 판매하는 것부터 시작하기를 원하는가? 검색 몇 번만으로도 가입할 수 있는 페이스북 그룹과 포럼이 100개는 나온다. 이 그룹에 가입해서 의견을 달고, 질문하고, 관계를 쌓는 방식으로 반드시 참여하라. 세상에는 각양각색의 사람들이 강좌와 멤버십 사이트에서 다양한 방법으로 돈 버는 법을 알려 준다. 당신은 이런 그룹과 기회 가운데 무엇이 쓸모없는지, 무엇이 유용하고 체계적인지 구별하는 방법을 알아야 한다.

목적이 같은 사람들이 모이는 온라인 그룹에 가입할 때 들어가는 비용이 때로 그 그룹의 가치를 대변한다. 이는 우리 삶의 어디를 봐도 다 비슷하다. 자신이 성공하지 못한 데 별로 불만이 없는 사람들은 비용이 저렴한 그룹에서 어울릴 것이고, 성공 수준이 더 높은 사람들은 비용이 높은 그룹에서 어울릴 것이다. 그런 그룹들에서 당신이 발견할 사람들의 자질은 엄청난 차이를 보인다.

예를 들어 나는 내 스승 한 분이 이끄는 그룹의 회원 자격을 유지하기 위해 해마다 약 5만 달러를 지불한다. 나는 이 그룹 덕분에 수백만 달러를 벌었다. 그리고 현재 내 삶에서 가장 도움이 되는 인맥을 쌓을 수 있었다. 나는 내 생각을 키우고 내가 더 높은 단계에 이르도록 자극을 주는, 아주 경쟁력 있고 성공한 친구들을 뒀다.

그렇다고 한 해 회비가 5만 달러인 그룹에 가입하라는 말이 아니다. 지금 무료 그룹에 가능한 많이 가입하라. 그 후 그룹들의 리더들을 찾아내 그들이 어디에서 어울리는지 알아내라. 무료 그룹을 이끄는 사람들은 더 성공하기 위해 분명 유료에 더 높은 수준의 그룹에 가입해 있기 때문이다. 내 말을 믿어라. 그러니 그들과 친구가 돼서 개인적으로 무엇을 추천하는지 물어라.

무료 그룹의 문제는 배우러 가입하는 사람보다 자신의 상품을 팔기 위해 가입하는 사람이 많다는 것이다. 그런 사람들을 조심하라. 그들의 조언도 귀담아서는 안 된다. 그런 곳에서는 대개 장님이 장님을 인도하는 격이거나 반 장님이 엉터리 정보를 장님에게 납득시키려는 격이 된다. 하지만 일단 같은 목적을 둔 다른 초보자들과의 만나기 위해, 또 그곳의 리더들이 어디에서 어울리는지 알아내기 위해 무료 그룹에 가입하는 것은 정말 추천한다. 당신의 분야에서 바라는 수준 이상의 사람들로 구성된 유료 그룹을 찾아라. 그때 최대한 많은 사람과 관계를 구축하라. 그 그룹에서 유용한 정보를 얻고 동기를 불러일으켜라.

다만 목적이 같은 사람들로 구성된 그룹이나 멤버십 사이트에 가입할 수만 있다면 가입비를 내는 것은 아무것도 아니다. 말도 안 되게 유익하기 때문이다. 그 사람들의 재산이 당신과 꼭 같은 수준일 필요는 없다. 핵심은 그들의 태도, 야망, 목표다. 단 반드시 진정성 있는 사람들의 말에만 귀를 기울여라. 당신에게 물건을 팔려는 세일즈 피치에는 신경 쓰지 마라.

좋은 친구이자 경쟁자가 돼라

그룹에 들어가서 몇몇 사람들과 대화하게 됐는가? 이제 정기적으로 대화하며 정보를 공유할 친구 집단을 만들어라. 지금 당신이 몸담은 세상은 부자가 되겠다는 생각에 열려 있지 않을 것이다. 당신이 돈 버는 이야기를 할 때 친구들이 회의적이거나 무관심하다면, 당신은 돈 버는 데 유익한 집단에 있는 것이 아니다. 그럼 빨리 그 집단에서 나와라. 당신과 함께 돈과 사업 이야기하는 것을 좋아하는 사람들과 인맥을 형성해야 한다.

만일 당신이 일하는 분야에 이런 사람들이 있다면 큰 이점이 있다.

첫째, 당신은 경쟁할 수 있다. 덕분에 당신과 친구들은 모두 더 빨리 성공할 것이다. 성공을 공유할 사람을 얻는 것이다. 당신이 자신을 밀어붙여 계속 나아가게 하는 데 도움이 되는 누군가가 얼마나 유익한지는 더 이상 강조하지 않겠다.

둘째, 당신은 함께 정보를 공유하고 배울 사람을 얻게 된다. 그들이 발전한 만큼 당신과 공유하고, 당신의 발전 또한 마찬가지로 그들에게 공유될 것이다. 그럼 당신과 친구들은 서로를 뛰어넘으며 훨씬 더 빨리 원하는 결과에 이를 것이다.

마틴 루터 킹 주니어나 간디 같은 사람들은 위대해지겠다는, 또 세상을 바꾸겠다는 수그러들 줄 모르는 욕망을 선천적으로 갖고 태어난다. 이들은 모두 이타적인 동기로 움직이는 사람들이다. 하지만 다른 부류의 위대한 사람들을 살펴보자. 그들을 성공으로 이끈 큰 동기는 다른 사람들을 찍소리 못하게 만들고, 자신이 해낸 일을 자랑하고, 다른 사람들이 틀렸음을 입증하고자 하는 것이었다. 이들의 이야기에는 분노가 담겼고 다른 사람을 누르고 최고가 되겠다는 데 초점이 맞춰져 있다.

당신이 첫 번째 범주에 들어가는 사람은 아니겠지만 그래도 전혀 상관없다. 앞서 언급했듯이 인간은 표면적인 수준의 자극으로는 동기부여가 안 된다. 특히 시작 단계에 있다면 더욱 그렇다. 분노와 질투, 다른 사람들을 찍소리 못하게 누르겠다는 갈망을 올바른 방향으로 집중시킬 수만 있다면 그것이 당신 삶에서 가장 큰 동기 유발 요인이 될 것이다.

감정의 본질이 좋은 것도 나쁜 것도 아님을 이해하라. 마이클 조던은 경기에서 크게 지면 분노했다. 그리고 다음 경기에서는 10배 더 집중했다. 이 경우의 감정은 좋은 방향이다. 어떤 트래픽 파이터는 화가 났을 때 사람들에게 욕을 퍼붓기도 하고 친구들에게 분풀이하기도 한다. 이 경우의 감정은 나쁜 방향이다. 부자는 트래픽 파이터와는 달리 어떻게 감정을 사용하는지 알고 있다. 그 커다란 차이에 주목하라.

주변에 경쟁력 있는 친구를 뒀을 때 좋은 점은 그들이 당신에게 그런 감정을 불러일으킨다는 것이다. 하지만 사람들이 저지르는 가장 큰 실수는 그렇게 일어난 감정들을 도움이 되는 방향으로 사용하지 못한다는 것이다. 조던이 경기에서 져도 전혀 개의치 않고 다음 경기에서 더 열심히 하도록 스스로를 몰아붙이지 않았다고 상상해 보라. 과연 스포츠계의 전설이 될 수 있었을까? 애초에 프로 스포츠 선수가 되지도 못했을 것이다. 당신도 마찬가지다.

내가 정말 존경하는 사업가 친구 한 명은 나와 같은 분야에서 일한다. 그는 인정사정없는 경쟁자이기도 하다. 나에게 그는 친구다. 개인적으로 무슨 일이든지 도울 것이다. 하지만 비즈니스라는 전쟁터에서 우리는 전쟁을 한다. 그가 나를 이기면 몹시 열받기도 하고, 그가 나보다 앞서 가면 질투도 난다.

이는 좋은 것이다. 이 경쟁 덕분에 우리는 둘 다 스스로를 몰아붙여 다른 사람들은 경쟁이 불가능한 단계로까지 게임 수준을 높여 놨기 때문이다. 처음에 오합지졸에 불과했던 회사들은 서로를 독려하고 몰아붙인 덕분에 현재는 수준 높은 기술 사업을 하고 있다. 만일 비즈니스 세계에서 그가 나를 계속 괴롭히지 않았다면, 나는 오늘날의 기술들을 보유하지 못했을 것이다.

다행히 우리는 서로 협력할 수 있는 새로운 기술 회사를 시작했다. 나는 두 회사 모두 1년에 1억 달러를 벌 것이라고 믿는다.

내 감정을 올바른 방향으로 집중해 친구와 경쟁한 덕분에 나는 혼자 했던 것보다 더 큰 성공을 거둘 수 있었다. 내 이야기가 다소 철없게 들리는가? 하지만 감정적이고 질투 어린 열정적인 추진력에 불을 지피기 위해서라면 친구나 경쟁자들을 활용해야 한다. 그리고 그 방법을 찾을 수 있다면 경쟁적이지 못한 당신의 경쟁자들보다 훨씬 더 유리한 위치에 있게 될 것이다. 꽤 단순하지 않은가?

무조건 성공한 사람이
멘토가 아니다

■■■■■■■■■■■■■■ 경쟁력 있고 성공한 친구들을 찾는 것도 중요
하다. 하지만 당신이 관계를 형성해야 하는 또 다른 중요한 사람이나
집단이 있다. 바로 '멘토'다. 어떤 이유에서인지 많은 사람이 멘토 없
이 혼자 힘으로 엄청난 성공을 거두기 위해 노력한다. 그런 사람들은
어쩌면 혼자서 해낼 정도로 자신이 충분히 똑똑하다고 생각할지도 모
른다. 혹은 도움을 구하는 것이 두렵거나 멘토를 찾는 방법을 모를 수
도 있다. 하지만 대개는 멘토를 두는 것이 얼마나 중요한지 모르고 있
어서다.

부자 되기가 지뢰밭 통과하기 같다고 상상해 보라. 당신이 눈을
가린 채 그곳을 걷는다면 지뢰를 밟고 폭발해 버릴 것이다. 그럼 게

임 끝이다. 이번에는 당신이 지뢰 찾기 게임을 한다고 해 보자. 그러니 지뢰를 건드려도 죽지 않는다. 단지 항상 똑같은 지뢰밭에서 게임을 처음부터 다시 시작해야 할 뿐이다. 매번 똑같은 지뢰밭에서 게임할 때마다 지뢰들이 어디에 있는지 조금씩 더 알게 되겠지만, 수백 번 시도해야만 마침내 무사히 게임 한 판을 완전히 깰 정도가 될 것이다. 경쟁심 강한 친구가 있으면 당신이 지뢰 찾기 게임을 끝내는 데 동기 부여가 될 수 있다. 하지만 당신이 지뢰 찾기 게임을 10분의 1의 노력으로 10배는 더 빨리 끝낼 수 있게 해 줄 사람은 멘토다.

그럼 멘토란 무엇일까? 멘토는 당신이 원하는 바를 이미 성취한 사람이다. 그리고 앞으로 당신이 어떤 문제에 부딪힐지 아는 사람이다. 멘토는 당신이 최대한 빨리 길을 닦고 최고의 위치에 오를 수 있는 치트키를 알고 있다.

그럼 어디에서, 어떤 멘토를 찾아야 하는가?

우선 당신은 알맞은 멘토가 필요하다는 것을 이해해야 한다. 알맞은 멘토는 비즈니스에서 당신보다 몇 발자국 앞에서 10배 정도 더 벌고 있는 사람이다. 예를 들어 당신이 이제 막 하키를 배우기 시작했다면, 웨인 그레츠키에게 가르침을 받는 것은 소용없는 일이다. 웨인 그레츠키는 최고 수준의 하키를 한다. 그래서 아마 생초보가 겪는 문제들을 이해하기가 힘들 것이다. 게다가 그의 전문 분야는 정확히 하키인데도 당신에게 스케이트 제대로 타는 법이나 가르치면서 몇 주를 낭비해야 할 것이다. 상위권 선수들이나 그레츠키가 도움이 된다. 그 선수들이 겪는 어려움은 그레츠키도 이해할 수 있기 때문이다. 반면 초보자를 위한 하키 코치나 아마추어 리그에서 경기하는 선수들에게 배우면 초보자는 큰 효과를 볼 수 있다. 왜일까? 그들은 초보자가 갖고 있는 문제를 정확히 이해하기 때문이다. 그 문제들을 빨리 해결할 방법도 알고 있다.

나는 사람들의 그런 실수를 항상 본다. 나는 한 번도 웹 사이트를 구축해 본 적이 없는 사람들에게 소프트웨어 회사를 시작하려는데 멘토가 돼 달라는 메시지를 온라인으로 정말 매일 수백 개씩 받는다. 나는 그들이 성공하기를 바란다. 하지만 그들에게 기본적인 웹 사이트 만드는 법을 가르치는 일은 내게 시간 낭비다. 게다가 그 사람들도 내가 청구하는 지도비를 내기를 원치 않거나 낼 수 없을 것이다. 마지막으로 내 전문 분야는 소프트웨어 회사를 구축하는 것인데, 무엇하러 내 시간과 에너지를 웹 사이트 구축을 돕는 일에 쏟겠는가? 그 일은 내 직원에게 시킬 수도 있다. 또 초보자들이 순 자산 5억 달러에 이르는 내 친구들에게 메시지를 보내 비즈니스를 시작하는 법을 가르쳐 달라고 부탁하는 것도 봤다. 내 친구들은 해 주고 싶어도 하지 못한다. 그들은 아주 높은 단계에서 생각하고 움직이기 때문에 자신이 어떻게 일해 왔는지 생초보자에게 어떻게 설명해야 할지 모른다.

이런 이유들 때문에 멘토로는 당신보다 약간 위에 있는 사람을 찾아보는 것이 바람직하다. 만일 당신이 수입이 거의 없다면 한 달 수입이 3~5천 달러인 사람을 찾는 것이 바람직하다. 왜냐하면 아주 최근에 당신의 상황에 있어 봤기 때문이다. 그래서 사업과 관련해 당신에게 가장 적절한 조언을 해 줄 수 있다. 그 멘토는 당신보다 높은 단계에서 움직이지만 당신과 멘토가 서로 이해할 수 있을 정도다.

이 점이 당신이 시작 단계에서 대규모 단체에 참여해야 하는 아주 중요한 이유다. 그곳에서 좋은 성과를 내면서도 당신의 상황을 이해할 몇몇을 만날 것이다. 그런 사람들은 당신에게 무엇을 배우고 누구에게 배워야 하는지, 또 무엇을 피해야 하는지 가르쳐 줄 수 있다. 당신이 완전 초보자라면, 분야의 웨인 그레츠키에게 멘토링을 구할 것이 아니라 아마추어 리그에서 경기하는 사람을 멘토로 물색하라.

당신을 끌어올릴 사람을 선택하라

멘토는 두 부류가 있다. 한 부류는 대부분 멘토링을 통해 돈을 버는 부류, 또 한 부류는 자신의 주요 사업으로 돈은 벌고, 멘토링은 부업인 부류다.

당신이 찾아야 할 사람은 멘토링이 부업인 부류다. 주요 사업이 멘토링인 사람에게 교습받는 것은 적절하지 않다. 하키 광이라 모든 경기 규칙은 알지만 평생 10번도 빙판 위에 오르지 않은 사람에게 하키 배우는 것과 마찬가지다. 1년에 수십만 달러를 벌면서도 코치나 멘토를 하지 않는 기업가들이 엄청나다. 자기 사업을 운영하느라 바쁘기 때문이다. 당신이 멘토링을 받아야 할 사람들은 이런 사람들이다. 이들이야말로 당신이 할 법한 실수를 이미 했다. 또 성공하고 부자가 되기 위해 당신이 밟아야 할 단계와 유사한 과정을 이미 거쳤다. 그래서 당신이 원하는 일을 하고 있다.

예를 들어 당신이 보험 판매 사업을 시작해 보려고 구상 중이라면 어떨까? 2천 달러라고 광고하면서 유명한 보험 판매업자가 이끈다는 대규모 코칭 프로그램에 합류하기보다는 한 달에 5천~1만 달러 정도를 벌면서 유명하지 않은 사람을 찾아 1천 달러를 지불하고 전략과 조언을 구하는 것이 낫다. 그런 사람들은 페이스북 그룹이나 포럼, 행사 등에서 쉽게 찾을 수 있다. 그래서 가능한 많은 사람과 대화를 나눠 볼 수 있을 것이다. 거기에서 당신의 완벽한 멘토상에 부합하는 누군가를 발견하면 가서 자신을 도와 줄 의향이 있는지 물어라. 그들은 시간이 없어 당신을 도울 수 없다고 해도 다른 사람의 연락처를 알려 줄 수도 있다.

다시 말하지만 당신이 멘토로 찾아야 할 사람은 당신이 가까운 미래에 달성하고 싶은 정도의 성공에 현재 이른 사람, 1년 이내 비교적 최근에 당신의 입장에 있어 본 사람이 돼야 한다.

주변에 사고방식이 같은 사람을 두지 않고 부자가 되려는가? 그것은 농구 선수를 한 명도 모르면서 농구를 잘하려는 것과 마찬가지다. 그럼 부자가 될 수 없다.

당신의 삶에 알맞은 사람들이 함께하면, 당신은 성공에 이르는 추진력과 치트키를 얻을 것이다. 마치 스테로이드 주사를 맞는 것 같다. 반면 당신이 트래픽 파이터들에만 둘러싸여 있으면, 당신 내면의 패배감에서 벗어나기가 아주 힘들 것이다. 그들의 마음은 염려와 두려움으로 가득 찼기 때문이다. 그 외는 전혀 모르면서 말이다.

인간은 근본적으로 모방 기계에 불과하다. 우리의 언어, 생각, 골칫거리들은 모두 우리를 둘러싼 사람들에서 나온다. 물론 우리는 어느 정도는 우리 자신이다. 그러나 자신이 존경하는 사람들과 자신을 둘러싼 집단에 아주 큰 영향을 받는 것은 논의할 여지가 없다. 당신이 현재 소속된 집단을 생각해 보기를 바란다. 또 인생에서 멘토와 경쟁하는 친구들, 트래픽 파이터들 사이에서 적절한 균형을 잡아 관계를 유지하기를 바란다.

TIP

부자의
사업 가이드

프로의
사업 용어

░░░░░░░░░░░ 　당신은 이제 성공 수준을 바꿀 새로운 사고방식을 알았다. 어쩌면 내가 알려 준 방식을 이미 적용했을 수도 있겠다. 첫 번째 장에서 언급했듯이 소득은 우리 행동의 결과다. 행동은 우리 믿음의 결과다. 우리가 부자 되기를 원할 때 가장 어려우면서도 불가피한 도전 과제는 우리의 믿음 체계를 바꾸는 일이 될 것이다. 이 장에서는 지금까지 다룬 사고방식을 잠시 내려놓자. 비즈니스와 기업가, 부자의 세계에 발을 들일 수 있는 방법을 몇 가지 조언하고자 한다. 위험은 최소화하고 보상은 극대화할 전술을 다룰 것이다. 당신이 노력을 기울이도록 당장 팁을 제시하고 싶다!

　부자가 되는 방법은 수천 가지다. 사업, 주식 투자, 부동산 등 당신이 어떤 일을 원하든, 이 책의 방법을 삶에 적용하고 절대 포기하지 않는다면 가장 빨리 부자가 될 것이다. 이제 첫 사업을 어떻게 시작해야 할지 이야기해 보자. 모든 사업이 똑같지 않다. 사업을 시작하고, 운영하고, 수익을 내는 방법은 모두 완전히 다르다. 이를 크게 3가지로 분류해 볼 수 있다.

현금 흐름 비즈니스
(CF: Cash Flow Business)

현금 흐름 비즈니스는 시작하고 운영하는 데 간접비가 거의 들지 않는다. 대신 시간을 많이 투자해야 하는 사업이다. 예컨대 당신이 온라인 마케팅 서비스 사업을 하는 중이다. 그런데 직원을 고용하지 않았다면, 지출할 비용은 거의 없다. 기본적인 웹 사이트를 위한 도메인 이름과 호스팅 구매 정도다. 대신 고객을 유치하고 실제 서비스를 제공하기 위해 시간이 많이 들어갈 것이다. 이런 특성으로 보통 90퍼센트에 이르는 높은 수익률을 얻을 수 있다.

그러나 이 유형의 사업에서 문제는 당신이 모든 일을 해야 한다는 것이다. 혼자 판매하고, 마케팅하고, 일하기 때문에 받을 수 있는 고객의 수가 제한된다. 이는 어느 시점에서 결국 사업이 정체 상태에 빠질수밖에 없음을 의미한다. 게다가 이런 사업은 매각도 거의 불가능하다. 당신을 사업 운영 전반에서 거의 제외할 수 없기 때문이다. 즉 이사업에서 당신은 소득에서 시간을 분리할 수 없다.

현금 흐름 비즈니스의 장점

- 수익률이 높다.
- 초기 투자 비용이 없다.

현금 흐름 비즈니스의 단점

- 시간 집약적이다.
- 일정 수준 이상으로 확장할 수 없다.

(참고) 현금 흐름 비즈니스는 어떤 시점에서 고투자 · 고확장 비즈니스로 바꿀 수 있다.

고투자 · 고확장 비즈니스
(HIS: High Investment Scalable Business)

고투자 · 고확장 비즈니스는 당신이 뉴스에서 듣는 유형이다. 바로 갑자기 대박을 터트려서 수백만 달러를 벌어들이는 애플리케이션 사업 등이다. 그런 비즈니스를 성공하기 위한 핵심 비결은 알맞은 직원 고용하기, 알맞은 벤처 사업 선택하기, 알맞은 시장에 진입하기 등 적절한 방식으로 사업을 구축하는 것이다. 그러나 이 유형은 초기에 투자 비용이 꽤 많이 든다.

소프트웨어 회사 창업이 대표적이다. 제작하는 소프트웨어 종류에 따라 판매가 가능한 버전을 완성해 시판을 준비하기까지 1만 달러에서 50만 달러까지의 비용이 들어간다. 그 후에도 해당 소프트웨어를 광고하고 고객을 유치하는 데 더 많은 비용이 들어간다. 하지만 장점은 비즈니스를 구축해 놓으면, 손쉽고 아주 크게 키울 수 있다. 현금 흐름 비즈니스와는 달리 소프트웨어 사업은 사용자가 10명이든 10만 명이든 관리하는 데 큰 차이가 없다. 소프트웨어는 자동으로 작동하고, 소프트웨어 설계를 위해 고용한 직원이 나중에는 관리까지 도맡을 것이다. 그래서 매각이 아주 쉽다. 제대로 구축만 하면 기업 가치가 9자리도 될 수 있다. 운영에 개인 시간이 투입되지 않아서 누구라도 운영이 가능하기 때문이다.

당신이 1년에 1,200만 달러를 버는 소셜 미디어 애플리케이션 사업을 한다고 치자. 페이스북은 당신의 사업을 사들여서 기존 플랫폼에 통합할 수 있을 것이다. 실제로 인스타그램을 그렇게 했다. 놀라운 점은 보통 창업자들이 수년 동안 수익을 내려고조차 안 했다는 것이다. 아마존이 완벽한 예다. 아마존은 사업을 시작한 후 20년 동안 한 푼도 벌지 못했다. 하지만 엄청나게 빠른 속도로 성장해 기업 가치가 수십억 달러가 됐다. 이는 시장에서 아마존이 미래에 이익을 낼 것이라고 인지했기 때문이었다. 아마존은 실제로 돈을 전혀 못 벌고 있었다. 하지만 모두가 아마존이 세계 최대의 온라인 유통업체가 될 것이라고 가리켰다. 정말 재밌게도 아마존은 2015년 블랙 프라이데이 세일에서 지구상 모든 회사를 앞서며 미래 가치 평가에 근거가 충분했음을 증명했다. 그 지점에 이르기까지는 아마존에게 엄청나게 많은 돈과 시간이 필요했다.

고투자 · 고확장 비즈니스의 장점

● 매각이 아주 쉽다.

● 자동화할 수 있다.

● 엄청난 부의 반열에 오르도록 확장하기 쉽다.

고투자 · 고확장 비즈니스의 단점

● 초기 비용이 많이 든다.

● 보통 혼자 힘으로는 할 수 없다.

● 수년 동안 적자를 볼 수 있다.

장기 투자 비즈니스
(LTI: Long-term investment business)

장기 투자 비즈니스는 초기에 투자 비용이 많이 든다. 그래도 위험을 거의 떠안지 않고 단기간 내에 해마다 10~20퍼센트의 투자수익률을 낼 수 있다. 당신이 한 해에 20만 달러씩 벌어 주는 술집을 100만 달러에 인수해서 그 사업을 유지한다고 해 보자. 매년 수익 20퍼센트를 얻을 것이다. 대개 유지하기 쉽고 아무 때나 사라져 버릴 일 없는 소매점 사업이 이런 비즈니스에 포함된다. 이 유형에는 당신이 돈을 묻어 두면 끊임없이 안전하게 수익을 거둘 사업이다.

여기에 좋은 예는 부동산이다. 아파트를 많이 매입해서 수십 명에게 세를 주면 당신은 꾸준히 수익을 거둘 수 있다. 게다가 아파트 가격이 떨어지지 않는다면, 당신은 언제라도 매입한 가격으로 그 아파트를 팔 수 있다.

이 유형의 비즈니스는 유지가 쉽고 위험 부담이 낮다. 훌륭한 투자처다. 그러나 초기 투자 비용이 아주 많이 들고 타인의 도움 없이 크게 키우기가 아주 힘들다. 술집을 한다면 거기에서 나오는 돈 만큼만 벌 수 있다. 수입을 높이려면 2호점을 열어야겠지만 그 또한 제한된 수익밖에는 못 낸다. 게다가 투자한 만큼 거둬들이려면 개점하고 2~3년은 기다려야 할 것이다.

장기 투자 비즈니스의 장점

- 안전하고 지속적인 수익을 보장하는 투자다.
- 쉽고 빠르게 소극적 소득을 창출한다.
- 해마다 높은 투자수익률을 거둘 수 있다.
- 자산 가치가 그대로 유지되면 매입 가격으로 되팔 수 있다.

장기 투자 비즈니스의 단점

- 초기 투자 비용이 많이 든다.
- 투자한 만큼 거둬들이는 데 시간이 오래 걸린다.
- 혼자 힘으로 크게 키우기가 거의 불가능하다.

이 세 유형을 알아야 하는 이유는 무엇일까? 사업 계획을 제대로 세웠을 때 앞서 이야기한 어떤 단점이든 극복할 수 있기 때문이다. 그러나 잘못된 사고방식과 아이디어로 비즈니스를 잘못 시작하면, 당신은 힘들고 큰 싸움을 하게 될 것이다. 결국 패배할 수도 있다. 경험 없는 사업가들이 HIS나 LTI 유형 사업을 시작해서 대개 실패하고 엄청난 돈을 잃는 것을 본다. 사업 운영 경험이 전혀 없는 상태에서 상당한 재정적 위험을 떠안아야 하기 때문이다. 이는 생전 처음 줄타기를 시도하면서 안전망이 없는 것과 같다. 과연 이런 상황에서 사람들이 성공하겠는가? 물론 가능하지만 극히 드물다. 게다가 이것이 초보자가 비즈니스를 시작하기에 가장 안전한 방법일까? 절대 아니다. 단지 HIS나 LTI형 비즈니스라는 이유만으로 당신이 진정 꿈이라고 믿는 것을 좇지 말라는 이야기가 아니다. 다른 사업가 대부분이 저지르는 실수를 하지 않도록 계획을 제대로 세우라는 뜻이다.

현금 흐름 비즈니스를 시작하라

당신은 평생 모아 온 돈을 사업을 시작하는 데 쏟아 붓기가 꺼림직할 것이다. 그리고 이제 막 사업을 시작했다면 솔직히 말해서 당신은 실패할 것이다. 왜냐고? 당신뿐만 아니라 모두가 실패하기 때문이다. 물론 당신은 이제 부자들만 아는 비밀을 알기 때문에 엄청 유리한 위치에 있다. 하지만 첫 시도에서 슈퍼 리치가 되지는 못한다. 단지 내 책을 읽지 않은 다른 사람들보다 쉽고 빠르게 성공할 수 있다는 말이다. 거만하게 보이겠지만 그저 내 방법에 자신감이 있을 뿐이다.

나는 첫 벤처 사업에서 실패했지만 전혀 창피하지 않다. 제대로 준비되지 않은 사람이라면 더욱이 실패는 절대 하고 싶지 않은 경험일 것이다. 그래서 내가 당신에게 위험은 줄이고 돈은 많이 벌면서도 경험도 쌓을 방법을 알려 주겠다.

바로 현금 흐름 비즈니스를 시작하는 것이다.

CF형 비즈니스는 바로 돈을 벌기 가장 쉬운 방법이다. 일단 CF형 비즈니스를 한 후에 더 큰 목표가 생기면 거기에서 창출된 이윤으로 HIS형 비즈니스에 자금을 댈 수 있을 것이다. 더 많은 돈을 벌게 되면 당신은 또 그 돈을 LTI형 비즈니스에 재투자할 수 있을 것이다. 투자만 현명하게 하면 당신은 편히 앉아서 투자 대비 수익률을 8~15퍼센트의 거둘 수 있다. 그럼 당신은 일할 필요 없이 부자가 될 것이다.

당신이 회사를 1,500만 달러에 매각했다고 해 보자. 그리고 한 채에 10만 달러짜리 아파트 150채를 매입했다. 연 임대료로 1만 5,000달러씩 받으며 모두 세를 준다고 하자. 연간 수익은 15퍼센트다. 만약 아파트의 가치가 안정적으로 유지되면 투자한 1,500만 달러의 연 15퍼센트인 약 2백2십만 달러를 연 순이익으로 얻을 것이다. 게다가 아파트를 매각해서 1,500만 달러를 되찾을 수도 있다. 이것이 LTI형 비즈니스가 아주 효과적인 이유다. 그저 돈을 어딘가에 묻어 두면 엄청난 수익이 발생한다.

이제 당신이 이 모든 유형의 비즈니스를 함께 활용해 엄청난 돈을 벌 수 있도록 각각 차근차근 다뤄 보자.

CF형 비즈니스는 무엇보다 혼자 힘으로 엄청난 변화를 창조할 수 있다. 나는 CF형 비즈니스로 한 해에 백만 달러부터 천만 달러까지 돈을 버는 친구들을 많이 봤다. 그러나 CF형 비즈니스의 문제는 시간을 너무 많이 투입해야 하고, 사업을 자동화할 수 없다는 점이다. 매각도 거의 불가능하다. 개인적인 목표는 순 자산 100~500백만 달러를 버는 것인데, 이를 CF형 비즈니스로 달성하기란 거의 불가능하다. 당신의 목표는 이와 다를 수 있으니 원한다면 부담 갖지 말고 CF형 비즈니스 단계에서 멈춰도 된다.

들어가기에 앞서 우선 CF형 비즈니스를 시작하기에 가장 좋은 공간을 말하자면 인터넷이다. 인터넷으로 할 수 있는 일은 무궁무진하다. 때문에 어느 분야에서든 적은 예산으로 아주 쉽게 사업을 시작해 큰 수익을 올릴 수 있다. 그중 당신이 우선 살펴보면 좋은 분야 세 가지를 소개하겠다.

1. 제휴 마케팅

제휴 마케팅은 다른 사람의 상품을 팔아 주고 수수료를 받는 일이다. 내가 나의 웹 사이트에 어떤 기타 줄 상품 리뷰를 남겼다고 가정하자. 리뷰를 읽은 사람들이 리뷰에 걸어 둔 제휴 사이트 링크를 통해 내가 추천한 기타 줄을 사면, 해당 기타 줄을 판매하는 회사가 나에게 수수료를 주는 식이다.

또는 내가 어떤 회사의 여드름 제품에 대한 트래픽을 유발하는 것이다. 사람들이 해당 제품을 구매하면 그 여드름 제품 회사는 나에게 수수료를 줄 것이다. 마케팅을 위해 당신이 할 일은 판매 활동을 시작하기 전에 해당 회사의 제휴 프로그램에 신청하는 것뿐이다. 그럼 회사는 당신이 받을 수수료를 추적할 제품 링크를 제공할 것이다.

제휴 마케팅은 당신이 투자할 것이 전혀 없어서 아주 좋다. 웹 사이트 비용이 들어가거나 일부 광고 공간을 할애해야 하는 것만 빼고 말이다. 당신은 제품을 만들 필요도, 고객에게 배송할 필요도 없다. 당신이 할 일은 오직 상품이 팔리기를 바라면서 해당 상품으로 트래픽을 유도하는 것이다. 당신은 전형적인 중개인이다.

내 첫 사업 중 하나는 검색 엔진 최적화에 기반을 뒀다. 나는 적절한 검색어로 웹 사이트들이 검색 엔진에서 최상위에 나타나도록 하는 일을 잘했다. 예를 들어 사람들이 구글에 '피아노 레슨'이라고 검색하면, 피아노 레슨을 홍보하는 내 웹 사이트가 구글의 첫 페이지에 나타났다. 그렇게 특정 피아노 레슨 웹 사이트로 트래픽을 유도했다. 그 대가로 내가 발생시킨 모든 매출에서 수수료를 받았다.

온라인으로 제휴 마케팅을 하는 방법은 엄청나게 많다. 검색 엔진 최적화에 초점을 맞추는 것은 그중 한 가지 방법이다. 광고를 걸어 사람들을 판매자의 웹 사이트로 인도하는 경우도, 이메일 주소를 입수해 판매자의 제안을 사람들에게 메일로 보내는 경우도 있다. 또 블로그나 인스타그램, 혹은 무엇이 됐든 팬이나 독자들을 끌어모을 플랫폼을 제작해서 관련된 제휴 상품을 자신의 팔로워들에게 홍보하기도 한다.

2. 정보 마케팅

정보 마케팅은 말 그대로 정보를 파는 것이다. 이를테면 클릭뱅크 같은 사이트를 방문해 보라. 사람들에게 온갖 주제를 가르치는 서비스를 팔면서 수백만 달러를 벌고 있다. 데이트 장소 고르기, 여드름 없애기, 식스팩 만들기, 돈 버는 법, 죽은 식물 되살리는 법 등 모든 정보가 다 있다. 내가 정보 마케팅을 추천하는 이유는 정보라는 상품이 이렇기 때문이다.

- 생산하는 데 돈이 들지 않는다.
- 생산하기 가장 쉬운 유형이다.
- 온라인으로 즉시 판매할 수 있다.

당신은 어떤 일을 정말 잘할 것이다. 뜨개질하는 방법, 불량배에 맞서는 방법, 일주일 이상 금붕어를 살아 있게 하는 방법이 될 수도 있다. 그리고 무엇이든 그 정보를 알고자 하는 사람들이 있을 것이다. 할 일은 주제를 정해서 당신이 아는 것을 전부 강좌나 전자책으로 설명하고 클릭뱅크 같은 사이트에서 파는 것뿐이다.

3. 마케팅, 컨설팅, 서비스 기반 직접 판매

CF형 비즈니스를 추천할 때 나는 세 가지 제안 중 마지막 방법을 가장 많이 추천한다. 왜냐고? 앞선 두 제안은 인터넷 판매에 능숙해야 하기 때문에 빨리 부자가 되려면 시간이 좀 걸린다. 그러나 사람들이 이 방법으로 직접 판매를 하면 빨리 부자가 되는 것을 본다. 월급날을 당신과 무관하게 만들 유일한 방법이 누군가를 설득해 지갑을 열도록 하는 것이기 때문이다. 당신이 사람들에게 설득과 판매를 잘하면, 아주 빨리 큰돈을 모을 수 있다. 수화기를 들어 판매하는 것은 특별한 투자 없이도 얼마든지 할 수 있으며, 그 보상도 즉각적이다.

직접 판매란 무엇일까? 사람들과 사업체에 높은 수익률로 직접 판매하는 것이다. 이것이 아주 매력적인 이유는 당신이 정말 배워야 할 일이 판매밖에 없고, 실제로 판매가 이뤄지기 전까지는 전혀 투자할 필요도 없기 때문이다. 부동산 판매나 마케팅 서비스, 비즈니스 컨설팅이 그 예다.

당신이 부동산 판매를 한다고 가정하자. 부동산을 매각하는 방법을 배워야 한다. 하지만 일단 당신이 그 일을 잘하게 되면 아무 투자 없이도 한 달 수입이 2만 달러가 될 수 있다. 마케팅 서비스도 마찬가지다. 나는 많은 사람이 검색 엔진 최적화 방법이나 유료 광고 관리 방법을 배운 뒤 그 서비스를 엄청나게 판매해 1년에 수십만 달러를 버는 것을 봤다. 당신이 무언가를 판매할 때 고객 1명당 매달 1,000달러를 청구할 수 있으면 매해 10만 달러 이상을 버는 데 그리 많은 고객이 필요하지 않을 것이다.

이것이 내가 당신에게 다른 어떤 일보다도 판매 기술을 배우라고 밀어붙이는 이유다. 고급 서비스 분야 대부분에서 해당 서비스를 제공하는 일은 외부에 위탁할 수 있어도 판매는 외부에 위탁할 수도 없고, 해서도 안 된다. 다만 CF형 비즈니스를 시작해 키우는 일은 어려울 것이다. 아마 실패도 꽤 많이 할 것이다. 다행히 이 사업에서는 실패해도 잃을 것이 많지 않다. 당신이 HIS형이나 LTI형 비즈니스로 시작해도 실패하는 것은 똑같다. 금전적 손실을 상당히 볼 수 있는 점에서는 CF형 비즈니스에서의 실패와는 다르다. CF형 비즈니스에서 실패하면 그저 부끄러움을 느끼고 교훈을 얻을 뿐이다. 어쩜 100달러 정도는 잃을 수도 있다. 그 과정에서 사업을 더 크게 키우고, 단련된 사업가가 되는 데 알아야 할 점들을 배울 수 있다. 그렇게 1~2년을 계속 일하다 보면 당신은 무엇이든 엄청나게 많이 팔 수 있을 것이다.

사업을 하기 위해 직장을 그만둬야 할까?

이 책을 읽고 있는 사람들은 그동안 매달, 매주, 적어도 한 번쯤은 '사업을 하려면 직장을 그만둬야 할까?' 하고 고민해 봤을 것이다. 이는 당신이 인생에서 어떤 상황에 처했느냐에 따라 크게 달라진다. 당신이 통장에 잔고가 거의 없고 가족들이 당신의 소득에 의존하고 있다면, 당신은 책임감 있는 어른이어야 할 것이다. 그럼 계속 직장을 다니면서 이른 아침이나 밤늦게 당신 사업을 위해 노력해야겠다. 하지만 배우자, 아이도 없고 통장에 기본 생활비를 충당하고 매일 스테이크를 사 먹을 6개월 치 돈이 있다면, 그때는 이야기가 달라진다. 당신은 직장을 그만두고 한동안 고생을 좀 덜 수도, 직장을 계속 다니면서 정말 아주 열심히 일하고 돈을 긁어모을 수도 있다.

요지는 군이 당신의 직업이나 직장을 버릴 필요가 없다는 것이다. 그렇게 해서 오히려 스트레스나 걱정을 만들지 마라. 당신이 직장을 계속 다니면서 사업을 시작하고 싶다면, 이는 다른 직업이나 직장 없이 사업에만 몰두하는 사람보다 하루에 더 많은 시간을 일할 뿐이다.

나는 잠시 마케팅 회사에서 일했었다. 나는 온라인 비즈니스를 구축하는 동안, 그 온라인 비즈니스가 본업이 될 수 있을 만큼 벌어들이는 동안에도 거기서 계속 일했었다. 안전망을 갖추고 돈 문제에 똑똑하게 처신하는 것은 전혀 문제가 아니다. 나는 안전하게 일을 진행하고 싶었다. 그래서 온라인 사업으로 한 달에 2만 달러를 벌 때까지 마케팅 회사를 계속 다녔다. 직장을 그만둔 뒤에는 2개월 만에 한 달에 순이익 5만 달러를 벌었다. 그 후 또 얼마 지나지 않아 한 달에 순이익 10만 달러 이상을 벌게 됐다. 직장을 계속 다니는 바람에 사업이 진척되는 속도가 늦기는 했다. 하지만 사업을 시작하지 못하거나 성공하지 못한 것은 아니었다. 게다가 직장에 계속 다닌 덕분에 사업에 투자할 자금을 계속 마련할 수 있었고, 재정적 위험을 감수할 안전망도 갖출 수 있었다.

당신이 사업을 위해 노력하는 동안 직장을 계속 다니면 이렇다. 사업이 진척되는 속도가 늦어질 수 있고, 여유 시간을 모두 사업에 쏟아야 한다. 그렇지만 투자할 돈을 마련하게 될 것이며, 재정적 위험을 떠안을 안전망을 확보할 수 있다. 직장을 그만두면 원하는 목표에는 더 빨리 이르겠지만, 보탬이 되는 소득이 없기 때문에 혼자 헤쳐 나갈 수밖에 없다. 따라서 결정을 내리기 전에는 자신의 우선순위를 파악하고, 반드시 자신과 가족을 모두 고려해 결정을 내려야 한다. 누군가의 무지한 조언에 따라 이 결정을 내려서는 안 된다.

돈이 더 이상
불어나지 않을 때

■■■■■■■■■■■ 노력 약간과 어느 정도 비즈니스 수완만 있으면 CF형 비즈니스는 대부분 연간 1~5백만 달러의 수익을 올리는 수준에 쉽게 이를 수 있다. 하지만 어느 수익 선을 찍고 나면, 많은 정체 상황과 맞닥뜨릴 것이다. 그 시점에서 계속 CF형 비즈니스를 유지할지, HIS형 비즈니스를 시작할지, CF형 비즈니스에서 나온 수입을 LTI형 비즈니스에 투자할지 선택해야 한다.

지금 부자로 사는 것과 영원히 부자로 사는 것은 다른 문제다. 당신이 CF형 비즈니스를 통해 영원히 부자로 살고 싶다면, 남은 평생 직접 CF형 비즈니스를 운영하는 것이 아무렇지 않아야 한다. 이 사업은 다른 사람을 시켜 운영할 수도, 매각할 수도 없기 때문이다. 또한 소비자 수요 및 당신의 업무 수행 능력 변화로 CF형 사업을 언젠가

접어야 할 수도 있음을 알아야 한다. 그러므로 바람직한 일은 방향을 바꿔 사업에서 HIS형 비즈니스 구축이나 LTI형 비즈니스에 투자 같은 다른 선택지를 고려하는 것이다.

CF형 사업에서 한 달에 수십만 달러를 벌며 평생 그 사업을 고수하는 것에 만족하며 사는 사람들을 많이 안다. 당신 이야기 같다면 그렇게 하는 것이 좋다. 정말 원하고, 맞는 일을 찾았으니까 말이다. 다만 나의 제안은 사업을 자동화할 방법이나 당신의 시간을 더 적게 들여 고객을 관리할 방법을 찾으라는 것이다. 또한 당신이 무엇을 팔든 더 높은 금액을 받을 방법을 찾았으면 한다. CF형 사업은 계속 당신의 한정된 시간에 기반을 뒀기 때문에 상품 가격을 더 높이는 것이 당신의 소득을 올릴 수 있는 유일한 방법이다.

CF형 비즈니스에서 번 돈을 해마다 10~15퍼센트의 투자수익률을 거둘 수 있는 LTI형 비즈니스에 투자하는 것도 강력하게 추천한다. 또 CF형 비즈니스를 HIS형 비즈니스로 바꾸거나 HIS형 비즈니스를 별개로 시작하는 것도 추천한다. 혹시 CF형 비즈니스를 HIS형 비즈니스로 바꾸는 일은 쉬울 수도, 불가능할 수도 있다. 내 사업 중 하나는 완전히 내 중심으로 운영했다. 내가 곧 브랜드였다. 사람들은 오직 내게서만 정보를 사기를 원했다. 이 때문에 나는 엄밀한 의미로 사업을 관리하고 상품을 만드는 일에 직원들을 동원할 수 없었다. 당신도 자기 중심으로 운영되는 원맨쇼 사업을 한다면 똑같은 문제에 직면할 것이다.

HIS형 비즈니스와 관련한 목표는 고객이 10명이든 10만 명이든 동일하게 운영되는 사업을 하는 것이다. 이를 제대로 해낸다면, 우리는 이 HIS형 사업으로 한 달에 백만 달러 단위 수입을 쉽게 뛰어넘을 수 있다. CF형 비즈니스를 HIS형 비즈니스로 바꾸는 가장 쉬운 방법은 자신을 복제할 방법을 찾는 것이다. 당신이 마케팅 서비스를 판다고 하자. 당신이 할 일은 그저 팔고 있는 서비스를 제공할 직원, 즉 대행인을 고용하는 것뿐이다. 그리고 어느 시점에 이르면 이번에는 당신을 대신해 서비스를 팔 사람을 고용해야 한다.

앞서 언급했듯이 누구도 당신처럼 판매할 수 없다. 당신의 제품이나 서비스를 가장 잘 팔 수 있는 사람은 항상 당신이다. 하지만 당신의 전술을 똑똑한 사람들에게 그대로 전수할 수 있다면 당신은 다른 사람들에게 판매를 맡기고도 대단한 결과를 줄 것이다. 우선 완벽한 판매 전략을 만들어라. 그리고 다른 사람들에게 전수하기를 추천한다. 결국 당신의 시간은 사람들을 지휘하고, 집중해서 회사를 키울 방법을 찾는 데만 할애돼야 한다. 그것이 최종 목표다. 그 단계에 이르면 당신은 성공한 것이다.

현금 흐름 사업이 지겨워질 때쯤

이번에는 당신이 이것을 할 수 없거나 하고 싶지 않다고 해 보자.

하지만 25년 동안 매일같이 일하다가 그 일에 신물이 나서 이제 완전히 새로운 사업을 시작하기를 원한다. 이제 당신이 25년 동안 사업가로 살면서 배운 것으로 HIS형 비즈니스를 처음부터 시작해야 할 때가 됐다는 의미다. 나는 당신이 이 선택지를 택해도 여전히 HIS형 비즈니스를 시작하기 전에 CF형 비즈니스를 시작하기를 추천한다. 무엇보다도 CF형 비즈니스가 당신의 새로운 HIS형 비즈니스에 필요한 자금을 모두 제공할 수 있기 때문이다.

HIS형 비즈니스를 시작할 때에는 꿈을 크게 가져라. 고객 수십만 명 확보를 목표로 둬라. 그리고 되도록 작은 시장을 선택하지 마라. HIS형 비즈니스에 고민이 많은가? 동네 마트를 방문하거나, 스마트폰을 들여다보거나, 페이스북에 접속해 보라. 수천 가지 사례를 볼 수 있다. 마트 매장의 모든 상품, 스마트폰의 모든 애플리케이션이나 스마트폰 그 자체, 페이스북의 모든 광고를 살펴보라. 그 모든 것 뒤에는 자리를 지키지도 않으면서 수천 명에게 수백만 달러를 벌어들이는 사람이 존재한다. 모든 것이 자동화돼 있기 때문이다.

이런 사업들의 문제는 대개 초기 비용이 들어간다는 것이다. 왜냐하면 사업을 시작할 때 상당한 노동력이 들어가기 때문이다. 만약 당신이 단백질 파우더 사업을 시작한다면, 업체에 비용을 지불하고 포뮬러를 개발해야 한다. 또 초도 생산품을 만드는 데에도 돈이 상당히 들어간다. 이에 관해 말했었지만 생산 비용이 최대 5만 달러 정도까지 들어갈 수 있다. 뿐만 아니라 광고도 해야 하고, 제품을 보관할 창고도 얻어야 하고, 다른 할 일이 수없다.

　다행인 점은 이 모든 자금을 당신의 CF형 비즈니스에서 나오는 돈으로 충당할 수 있다. 게다가 당신이 CF형 비즈니스를 성공했다면 HIS형 비즈니스로 지금 당장 돈을 벌 필요도 없다. 또 좋은 점은 일단 이 비즈니스를 시작하면 당신은 똑같이 일해서 CF형 비즈니스로 벌던 돈의 10배를 벌 수 있다. 그 돈의 5~10배 액수로 사업체를 매각할 수도 있다. 이것이 모두가 꿈꾸는 '밖에 나가 1억 달러를 벌어 올 방법'이다.

　당신은 엄청나게 많은 사람에게 영향을 끼치는 일을 할 수 있을 것이다. 누군들 이렇게 말하고 싶지 않겠는가?

　"제가 페이팔의 CEO입니다."

　"제가 에너지 음료를 개발했죠."

　누가 묻기만 하면 바로 으스대며 말할 수 있는 아주 멋진 최고의 답변이다. 게다가 이런 사업은 꼭 이윤을 내야 매각할 수 있는 것도 아니다. 이윤도 내기 전에 수억에서 수십억 달러에 매각된 회사가 수없이 많다. 그것은 모두 회사가 어디로 나아가는지, 회사가 어떤 비즈니스에서 혁신을 일으키는지에 근거한다.

장기 투자 사업에
투자하라

방금 회사를 1억 달러에 매각했다고 상상해 보자. 당신은 그 돈을 어디에 쓸 것인가? 자동차? 집? 개인 전용기?

만일 당신이 '그렇다'고 대답하면 바보다. 그 1억 달러를 집이나 개인 전용기를 사고 '즐거운 인생'을 사는 데 써 버리면 그 1억 달러는 어떻게 되는지 아는가? 영원히 사라진다. 당신이 자동차에 50만 달러를 써 버리자마자, 유럽행 전용기에 10만 달러를 써 버리자마자, 그 돈은 영원히 사라진다. 그것들을 팔아야 현금을 쥘 수 있고 계속 가지고 있으면 더 이상 돈을 벌 수 없다.

집이나 개인 전용기를 사는 대신 해마다 순이익을 10~15퍼센트씩 내는 LTI형 비즈니스에 돈을 전부 투자한다고 해 보자. 그럼 어떻게 될까? LTI형 비즈니스는 이윤을 창출하면서도 계속 가치를 유지한다. 그저 돈이 다른 곳으로 이동한 것뿐이다. 그래서 언제라도 사업에 쓴 만큼 돈을 받고 당신의 소유권을 매각할 수 있다. 그 대가로 무엇을 얻게 되는지 아는가? 돈이다!

내 친구 한 명은 자산이 5억 달러다. 그리고 그 돈을 LTI형 비즈니스에 투자했다. 지금 그는 최소한의 소득으로 1년에 5천만 달러 이상을 번다. 그리고 그중 90퍼센트를 다시 LTI형 사업들에 더 투자한다. 자신에게는 5백만 달러만 쓰고 있다. 그런데 저택을 구입하거나 다이 아몬드로 뒤덮인 벽지로 인생 구석구석을 바르는 것 같은 취미를 갖지 않는 한 매년 5백만 달러를 쓰는 것도 아주 힘들다. 자, 내 친구는 이제 이 방식을 계속 따르기만 하면, 10년 이내에 슈퍼 리치가 된다. 이것이 바로 LTI형 비즈니스가 놀라운 이유다.

그러나 CF형 비즈니스를 거치지 않고 LTI형 비즈니스를 시작하기는 어렵다. 당신이 백만 달러짜리 술집을 매입하고 싶지만, CF형 사업으로 번 돈이 전혀 없어서, 돈을 마련하고 대출을 받아서 그 술집을 매입한다고 가정하자. 그 술집의 가치는 1백만 달러기 때문에 한 해에 20만 달러를 벌어 줄 확률이 높다. 그럼 당신은 최소한 5년 동안 빚을 갚아야 한다. 하지만 당신에게 이미 CF형 사업으로 벌어 놓은 돈이 5백만 달러가 있다면, 그 돈을 모두 술집 5개에 투자해서 해마다 총 1백만 달러를 버는 것은 매우 현명하고 쉬운 일이다.

여태까지 위험은 크게 줄이면서 평생 부자로 살 수 있는 길에 들어서는 가장 똑똑한 방법을 설명했다. 물론 예외가 많다. 비즈니스를 시작할 다른 방법도 많음을 유념하기를 바란다. 사업가들 대다수는 이 길을 따르지 않는다. 나는 많은 사람이 상당한 투자금으로 애플리케이션을 개발하거나 음식점을 개업해 첫 사업을 시작하는 것을 봤다. 이것이 잘못되지는 않지만 단지 내가 설명한 방법보다 더 어려울 뿐이다.

CF형 사업가로 시작한 사람들 대다수가 계속 CF형 사업가로만 머문다. 또 HIS형 사업가 대부분은 계속 HIS형 사업가로 머문다. LTI형 사업가 대부분은 계속 LTI형 사업가로만 머문다. 이는 실수다. HIS형 사업가들은 CF형 사업으로 사업 자금을 조달할 수 있고, CF형 사업가들은 LTI형 사업으로 부를 유지할 수 있다. 이 비즈니스 세 가지를 함께 굴리는 여러 가지 방법이 있다.

당신이 이 개념들을 한구석에 뒀다가 필요할 때마다 꺼내 보기를 바란다. 기억하라. 가장 중요한 것은 자신이 성공할 수 있다고 믿는 것이다. 또 트래픽 파이터의 사고방식에서 벗어날 수 있다고 믿는 것이다. 그렇게 하기 위해서는 행동해야 한다. 당신은 이 책을 활용할 수도, 이딴 것은 집어치우라고 말할 수도 있다.

선택은 당신의 몫이다.

EPILOGUE

부자에게는
당연한 생각

가난함을
선택하는 사람들에게

■■■■■■■■■■■■ 몹시 안타깝게 여기는 점을 이야기하고 싶다. 책을 읽기 시작한 사람들은 일반적으로 초반만 조금 읽다가 책을 덮거나 잊어버린다. 그 사람들이 읽는 분량은 겨우 10퍼센트다.

이 통계 안에 들지 못한 사람들은 자신이 하겠다고 한 일, 최소한 책 읽는 일에서는 끝까지 완수하는 사람이 거의 없다. 대부분 근성이 없어 자신이 하는 일을 끝까지 책임지지 못한다. 사람들은 그토록 원하지만 원하는 일에 노력하는 불굴의 용기를 가진 사람은 거의 없다. 심지어 그것이 성공하는 최선의 방법임을 분명 아는데도 말이다.

당신이 이 부분을 읽고 있다면, 당신은 통계적으로 이례적인 사람이라고 말하고 싶다. 그리고 감사드린다. 여기가 끝은 아니다. 당신이 이 책을 읽고 부자가 되려면 0.1퍼센트 안에 들어야 한다.

믿기 어렵겠지만 사람들이 책을 읽기 시작해서 무려 20퍼센트가 실제로 끝까지 읽었다고 상상해 보자. 장담컨대 그 20퍼센트 중 오직 100명 중 1명 꼴로만 이 책에서 배운 것으로 성공할 것이다. 거의 모든 사람이 이렇게 생각할 것이다.

'그래, 나도 다 할 수 있어. 어렵지 않은 걸? 아마 내년 여름쯤에는 나도 부자가 돼 있을 거야.'

하지만 그들은 이 책에서 얻은 정보를 적용해 기껏해야 일주일 정도 노력해 보다가 지쳐서 다시 자신의 컴포트 존으로 돌아가기를 선택할 것이다.

많은 사람이 부자가 되기를 원하지만 계속 가난하게 살기를 선택한다. 부자가 되고 성공하는 일은 불편과 좌절감을 초래하는 일이기 때문이다. 살을 많이 빼는 일보다도 아주 훨씬 더 어렵다. 다이어트는 시도하는 사람들 중 오직 4.4퍼센트만이 실제로 해낸다. 경험해서 하는 말이다. 나는 올 여름에 약 25파운드를 감량했다. 정크 푸드보다도 못한 음식들을 줄이니 다이어트에 성공할 수 있었다. 이것은 부자가 되기 위해 했던 모든 일에 비해 훨씬 쉬웠다.

당신이 성공할 가능성은 아주 희박하다. 차라리 트래픽 파이터의 삶으로 돌아가는 것이 나을 지도 모른다. 통계를 넘어서겠다는 결심을 하지 않는 한 말이다. 무엇인가에 실패한 사람들은 모두 실패를 선택했기 때문에 실패한 것이다. 통계가 던진 주사위가 아니다. 외부의 힘은 없었다. 그들이 스스로 그 길을 택하고 통계를 넘어서지 않기로 결정한 것이다.

부자가 되기를 원치 않는 사람도 있을 것이다. 그래도 괜찮다. 나는 그런 사람들을 이야기하는 것이 아니다. 나는 목표를 향해 노력은 해보겠지만, 너무 어렵고 할 일이 많다는 이유로 또는 원래의 편안한 삶으로 되돌아갈 구차한 변명을 대면서 일주일이나 6개월 만에 포기하는 사람들을 말하는 것이다.

당신이 진정 무엇에 전념해서 노력할 때 성공 가능성을 통제하는 사람은 당신뿐이다. 사람들은 당신이 실패할 것이라고 말할 수 있다. 당신이 지나치게 많은 위험을 감수하는 것이라고 말할 수도 있다. 사람들은 자신이 선택한 평범한 삶으로 당신도 돌아가도록 설득하려 할 것이다. 속으로는 당신이 성공하는 것을 보고 싶지 않기 때문이다. 자신과 다를 바 없다고 생각하는 누군가가 자신을 크게 앞질러 위대해지는 것을 보는 것만큼 고통스러운 일은 없다. 그 순간 자신도 그렇게할 수 있었지만, 단지 그렇게 선택하지 않았다는 현실을 직면해야 하기 때문이다. 성공 못한 사람들의 말을 듣지 마라. 그들 중 99퍼센트는 무엇 하나 제대로 아는 게 없다. 오직 당신의 멘토와 경쟁하는 친구들, 그리고 당신 스스로에게 귀를 기울여라.

당신이 이 책에서 배운 것은 세계의 슈퍼 리치들이 모두 공유하는 교훈과 사고방식이다. 유일한 차이는 백만장자와 억만장자들은 그런 사고방식을 배우기까지 고통과 시행착오를 겪었지만, 당신은 그저 이 책을 읽기만 하면 된다. 이는 필수다. 내가 빨리 부자가 되는 방법을 삶에서 적용하고 책에서 설명하기로 결정한 이유다. 이제 당신이 부자가 되기 위해 따라야 할 사고방식, 결심, 믿음이 단 한 가지가 더 남았다. 준비됐는가?

가장 빨리
부자 되는 법

■■■■■■■■■■■■■■　　　자수성가한 부자들은 모두 삶의 어떤 시점에서 부자가 되기로 결정했다. 그들은 이렇게 말했다.

"통계 따위는 집어치워. 내 앞길을 방해하려는 것들은 다 저리가. 논리도 집어치워. 나는 부자가 되고 싶어. 부자가 될 거야!"

이 책이 당신 삶에 어떤 영향이라도 미치려면 당신은 결정을 내려야 한다. 그리고 한 치의 의심도 없어야 한다. 여기에서 당신이 원하는 만큼 부자가 될 수 있다는 말에 위안만 받을 수도 있다. 여기에서 결정하라. 결정하지 않으면 당신은 원하는 목표에 이를 수 없다.

스스로 부자가 될 수 있을지 의심되는가? 혹은 트래픽 파이터들이 당신을 계속 컴포트 존에 머물게 만드나? 첫 번째 방법을 적용하라.

부자가 아닌 사람들이 하는 돈 이야기는 잊어라. 실제 부자들이 믿는 것을 믿겠다고 결정하라.

사업을 구축하면서 제대로 된 방법으로 부를 창출하고 있는지 확신이 안 서는가? 두 번째 방법을 적용하라. 자신의 시간을 소득에서 분리하는지, 현재 다른 새로운 일을 시작하고 있는지 물어라.

해결할 수 없을 것 같은 문제 때문에 겁이 나는가? 세 번째 방법을 생각하라. 당신 앞에 놓인 그 어떤 도전 과제, 어떤 사람도 뛰어넘을 대단한 사람이라는 사실을 받아들이고 문제를 정복하라.

사업을 추진하면서 차질이 발생하지 않도록 예방하고 싶은가? 네 번째 방법으로 돌아가라. 사업에서 발생하는 모든 문제에 책임은 선적으로 당신에게 있다. 당신이 떠안은 책임 밖에서 발생할 수 있는 문제들도 예측하고 극복하라.

두려움 때문에 재정적 위험을 감수하지 못하고 사업을 확장하지 못하는가? 다섯 번째 방법을 적용했는지 스스로에게 물어라. 당신의 사고방식이 슈퍼 리치가 될 수 있는 여유로운 상태인지, 아님 9시부터 18시까지 매여서 트래픽 파이터로 살 궁핍한 심리인지 깨닫기 위해 노력하라.

당신이 무엇에 집중해야 할지 결정은 했지만 아무 진전도 이루지 못했나? 여섯 번째 방법으로 돌아가 생각해 보라. 당신의 진전을 방해하는 당면한 문제를 정확히 찾아내 우선 그 문제부터 해결하라. 염려들로 마음이 산란해지지 않도록 해야 한다. 그 대신 현재의 문제에 집중해야 한다.

당신이 자기 위안을 위한 목표들, 거창하지만 실행 계획은 없는 목표들을 세우는 나쁜 습관에 빠졌나? 일곱 번째 방법을 기억하라. 당신의 목표를 작게 쪼개라. 그 작은 목표들을 당장 수행할 수 있는 훨씬 더 작은 행동 단위로 나눠라.

당신이 사업을 추진하면서 다른 사람들이 어떻게 도움이 될지 모르겠나? 여덟 번째 방법을 다시 읽어라. 당신을 부자로 만드는 것은 사람들이며, 부자가 되려면 사람들을 설득해서 지갑을 열도록 해야 한다.

혼자 돈을 버는 데 어려움을 겪고 있는가? 아홉 번째 방법을 다시 떠올려라. 당신이 투자수익률이 낮은 활동들에 집중하지는 않은지, 당신에게 돈을 벌어 주는 일들을 지나치고 있지는 않은지 확인하라. 관심의 초점을 오직 투자수익률이 높은 활동으로만 돌려서 거기에 집중해야 한다.

친구들과 어울릴 때 스스로에게 질문하라. 당신이 정말 열 번째 방법을 실행하는지 말이다. 당신을 앞으로 나아가게 만들고 성공하도록 추진하는 사람들과 교류하는가? 아니면 당신이 계속 트래픽 파이터의 사고방식을 유지하도록 하는 사람들과 어울리는가?

당신은 지금 당장 결정할 수 있다. 내일도 아니고 다음 주도 아니다. 다음 달도 아니고 돈이 좀 모였을 때도 아니다. 당신 자녀가 집을 떠났을 때도 아니고, 당신이 은퇴했을 때도 아니고, 당신을 괴롭히는 감기가 떨어져 나갔을 때도 아니다. 지금 당장이다!

나의 약속

이름

날짜

내용

나의 약속 서명서에 이렇게 적어라.

'나는 부자가 되겠다!'

약속 아래에 서명하고 오늘 날짜를 기입하라. 이는 통계를 넘어서 겠다고 스스로 한 약속이다. 당신은 다른 사람들처럼 원하는 것을 갖지 못하고 부족한 대로 사는 그저 그런 인생을 받아들이지 않을 것이다. 지금 당신은 꿈을 성취하는 인생을 살겠다고 약속했다.

서명한 페이지를 찢어서 매일 아침 일어나서 보이는 곳에 붙여라. 당신이 눈 뜨고 제일 먼저 하는 생각이 스스로 한 약속이 되도록 매일 아침 보는 것이 중요하다. 트위터나 인스타그램을 한다면, 약속 서명서를 찍어라. 그리고 '#가장빨리부자되는법'이라고 해시태그를 달아 @uknowbooks를 태그하라. 진지하게, 이렇게 해라! 그럼 약속을 공개적으로 책임져야 하기 때문에 아주 효과적이다. 나는 큰 약속을 할 때마다 창피당하지 않고는 번복할 수 없도록 공개적으로 알린다.

나의 방식으로 당신은 수백만 달러를 벌 수 있다. 하지만 부자가 되겠다는 결심을 하지 않으면 모두 무용지물이다. 자수성가한 슈퍼리치들은 모두 인생에 경제적으로 자유로워지겠다고 결심한 순간이 있었다. 결과는 즉시 나타나지 않았지만 그 한 번의 결정, 그 한 번의 순간이 그들의 삶을 영원히 바꿨다.

이 책을 읽은 후 부자가 되고 싶다는 주변인들의 말을 유심히 들어 보라. 직장을 불평하면서 인생에서 더 많은 것을 얻기를 원한다고, 그런데 시간이 생기면 시작하겠다고 하는 말을 들어 보라. 청구서들을 걱정하고 저녁 식사 값에 초조해하는 것을 보라. 그들은 모두 경제적으로 자유롭기를 원한다. 부자가 되고 싶어 한다. 하지만 모두 부자가 되겠다고 결정하지 않았다. 경제적으로 제한되고 원하는 것들이 충족되지 못하는 인생을 그냥 수용했다. 모든 사람이 살면서 적어도 몇 번씩은 부자가 되고 싶다는 강렬한 갈망을 느낀다. 하지만 1퍼센트도 안 되는 사람들만이 무슨 일이 있어도 부자가 되겠다고 결정한다. 나는 지금 당장, 이 순간에 당신이 결정을 내렸으면 좋겠다. 당신에게만 적용되는 통계 따위는 없다. 당신이 감당하기에 너무 큰일도 없다. 당신이 원하는데 가질 수 없는 것도 없다. 세상의 모든 부자에게도 더 많은 것을 원하는 순간이든, 상사에게 진저리가 나는 순간이든, 가난하게 사는 것에 신물 나는 순간이든 어쨌든 결정을 내리는 순간이 있었다. 모든 부자는 지금 당신이 처한 상황에 있었다.

부자가 되겠다고 결심하라. 그리고 세상의 나머지 사람들을 앞질러라. 어떤 삶을 살고 싶은지, 어떤 사람이 되고 싶은지 결정하라. 당신에게 어떤 일이 생기든 당연하게 받아들이겠다고 결심하라.

지금이 당신의 순간이다. 부자가 되겠다고 결정하라. 지금 당장.